"十三五"国家重点图书项目

国家出版基金项目
NATIONAL PUBLICATION FOUNDATION

一带一路

中外文化交流史

何芳川◎主编

林被甸◎著

中国拉丁美洲文化交流史

国际文化出版公司

·北京·

图书在版编目（CIP）数据

中外文化交流史 . 中国拉丁美洲文化交流史 / 何芳
川主编；林被甸著 . -- 北京 : 国际文化出版公司，
2020.12

ISBN 978-7-5125-1278-8

Ⅰ . ①中… Ⅱ . ①何… ②林… Ⅲ . ①中外关系－文
化交流－文化史－拉丁美洲 Ⅳ . ① K203 ② K730.3

中国版本图书馆 CIP 数据核字 (2020) 第 264002 号

中外文化交流史·中国拉丁美洲文化交流史

主　　编	何芳川	
作　　者	林被甸	
统筹监制	吴昌荣	
责任编辑	崔雪娇	
出版发行	国际文化出版公司	
经　　销	全国新华书店	
印　　刷	文畅阁印刷有限公司	
开　　本	710 毫米 ×1000 毫米	16 开
	7.5 印张	100 千字
版　　次	2020 年 12 月第 1 版	
	2020 年 12 月第 1 次印刷	
书　　号	ISBN 978-7-5125-1278-8	
定　　价	48.00 元	

国际文化出版公司

北京朝阳区东土城路乙 9 号　　　　　　邮编：100013

总编室：（010）64271551　　　　　　传真：（010）64271578

销售热线：（010）64271187

传真：（010）64271187—800

E-mail：icpc@95777.sina.net

目录
Contents

第一章

美洲印第安人来自何方

在浩瀚的太平洋两岸，一边是具有五千年文明的中华古国，另一边是同样具有悠久和灿烂文明的拉丁美洲。这两大文明之间的接触与交流的历史，构成了人类文化交往历史上引人入胜的一章。这一交往始于何时？到目前仍是一个历史之谜。因为虽然中外学者对于哥伦布航行美洲之前中国人是否到过美洲提出了各种各样的猜想，但是皆尚未得到历史的证实。目前我们可以肯定的是，这两个地区之间的接触和联系，是 16 世纪以后伴随着欧洲殖民主义的扩张而建立起来的。所以，在中外文化交流史上，拉丁美洲是个后来者，中拉双方之间的交流比起与中国周边及旧大陆其他很多国家和地区，要晚了一大步。美洲是中国对外文化交流中一个姗姗来迟的新伙伴。但是，16 世纪发生的最初接触和交流，则是中国首次跨越了太平洋，从而谱写了与大洋另一边陌生世界联系和交往的新篇章。

太平洋通道的开辟和中拉交流，有力推动了美洲发现以来全球性的经济大增长、人口大迁移和文化大交流。太平洋丝绸之路虽然是历史上古老丝绸之路的延伸，其影响却更深更广。然而，中国和拉丁美洲之间发生的联系和交往，与历史上中国同周边国家那种传统联系和交往是很不相同的。因受欧洲殖民者的操纵，在很长一个时期内表现为一种畸形的特殊形式联系。我国拉丁美洲史专家罗荣渠对此做过很好的论述，他说："这种联系不是通过长期接触自然形成的，而是通过欧洲殖民者火与剑的征服活动，特别是殖民贸易活动而形成的一种有限的间接文化接触。在很长时期中，这种次级接触只是欧洲与美洲、欧洲与亚洲之间双边贸易联系的副产品，但中国在西方的新兴殖民贸易体系中却占有一个特殊的位置。"[①] 尽管如此，不同民族之间文化的交流与融合乃是文化发展的内在要求，中国与拉丁美洲两种文化一经接触，就不可避免地会在不断努力摆脱殖民主义羁绊过程中相互吸纳、相互交融，共同为促进太平洋两岸文化的繁荣和发展做出贡献。

如果你有机会访问拉美印第安人的居住地，在远隔重洋的异国他乡，会惊奇地发现一张张似曾相识的面孔：黑头发、黄皮肤、宽面庞……，你不禁会问，他们究竟来自何方？

经过考古发掘和研究，人们对印第安人的起源有了较为一致的认识：他们中的绝大部分来自亚洲，属于蒙古人种的一支。因为美洲大陆迄今没有发现古代猿人的化石，所有出土的古人类遗骸属于完全的智人，即现代人，最早的生活年代距今不超过 5 万年。这证明美洲先民并非源自本土。

从人类学的角度来看，这些人的主要外部特征（黑头发、黄

[①] 罗荣渠：《中国与拉丁美洲的历史文化联系》，见周一良主编《中外文化交流史》，河南人民出版社，1987 年版第 833 页。

皮肤、宽面庞）属于蒙古人种；新的研究又进一步表明与我们中国人基因同源，这就一下子把天各一方的印第安人和中国人连到一起了。印第安人身上还有一个很有意思的记号，就像我们中国很多人在刚出生的时候，臀部上有块青色的斑，叫作"蒙古斑"，这是蒙古人种所独有的，而印第安人的新生儿也有。因此，种种迹象表明，印第安人与中国人同属于蒙古人种，他们是亚洲同种先民的后代子孙。

相距万里，远隔重洋，这些亚洲移民是在什么时候，以怎样的方式到达美洲的呢？

根据研究，大约两万余年以前，当时生活在亚洲东北部的古代先民或者由于追踪野兽，或者由于气候骤变的影响，从原住地出发，沿着日出的方向行进，经西伯利亚来到了亚洲的东北角白令海峡的西岸。从今天的地图上看，白令海峡正是连接亚、美两洲距离最近的地方。其间恰好经历了两次冰川期，海平面下降了100米或者更多，使白令海峡变窄变浅，中间又有陆地或小岛相连，形成了一道"陆桥"，为这些原始的狩猎人群提供了跨越海峡到另一个大陆生活的可能性。后来，海平面升起，美洲大陆同外部世界又处于隔绝状态，这些亚洲移民，就成了美洲大陆最早的居民。

中国学者通过境内外考古发现的研究，勾勒出了这些先民如何从华北到达美洲大陆的迁移路线图。

印第安先民来自亚洲，追根溯源，也可以说印第安人与华夏子民是同一老祖宗的后代子孙。由此能不能说印第安文明也源自亚洲呢？

　　这里，就必须弄清人种起源与文明发源并非一回事。但凡一种文明的诞生，都离不开"农业"的出现。而进入美洲的先民乃是一群原始狩猎者，"印第安文明"是在他们进入美洲大陆后，成功地培育了一种新的谷物——玉米，才逐步发展起来的。如同西亚离不了小麦，中国和印度离不开稻米，印第安民族则是靠玉米发育滋养的。所以，印第安文明又被称为"玉米文明"。两种文明各有源头，并在长期发展中形成了各自的特色。

　　因此可以说，印第安先民是外来的，而印第安文明则是"土生土长"的；古代美洲与古代中国，人种同宗，文化并不同源。

古代印第安人头像

第二章

对中拉古代文化接触的探索

关于中国人在哥伦布之前是否到达过美洲的探讨和争论，已经有两百多年了。虽然至今尚无定论，但它仍然是中外学者所广泛关注的课题。由于是追踪被浩瀚太平洋阻隔的东西两岸古文化的神秘联系，不免令人神往，探索和研究热情百年未减。

人们提出中国人在哥伦布之前到达美洲的依据是中国古代典籍的有关记载和考古学、人类学的某些发现。回顾起来，中外学术界前后出现过三次讨论的热潮。

哥伦布画像，存于美国大都会艺术博物馆

中国僧人慧深发现美洲说

早在 200 年前，即 1761 年，法国汉学家吉涅（J. de Guignes）向法国文史学院提交了一份研究报告，题名为《中国人沿美洲海岸航行及居住亚洲最东部几个民族的研究》，文中提出了"中国人最早发现美洲说"。由此，吉涅拉开了探索华夏和拉丁美洲两大古文明之间关系的序幕。

吉涅的观点在西方汉学家中引起了广泛兴趣和讨论。赞成者有之，反对者也有之，出现了观点截然相反的两大派。19 世纪末，中国学者开始涉足"中国人发现美洲问题"的讨论，也分成肯定和否定两大派。

无论国内外，两派论争的依据主要是中国的一则史料——《梁书·诸夷传》中有关"扶桑国"的记述。[①] 为叙述方便，兹将该书中关于扶桑国的记述转录如下：

> 扶桑国在昔未闻也。普通中有道人称自彼而至，其言元本尤悉，故并录焉。
>
> ……
>
> 扶桑国者，齐永元元年，其国有沙门慧深，来至荆州，说云："扶桑国在大汉国东二万余里，地在中国之东。其土多扶桑木，故以为名。扶桑叶似桐，而初生如笋。国人食之。实如梨而赤，绩其皮为布，以为衣，亦以为绵。作板屋，无城郭。有文字，以扶桑皮为纸。无兵甲，不

---

① ［唐］姚思廉：《梁书·列传》四八。

攻城。其国法有南北狱，若犯轻者入南狱，重罪者入北狱；有赦则赦南狱不赦北狱者。男女相配，生男八岁为奴，生女九岁为婢。犯罪之身，至死不出。贵人有罪，国乃大会，坐罪人于坑，对之饮宴，分诀若死别焉。以灰烧之，其一重则一身屏退，二重则及子孙，三重则及七世。国王为乙祁，贵人第一者为大对卢，第二为小对卢，第三者为纳吐沙。国王行，有鼓角导从，其衣色随年改易：甲乙年青，丙丁年赤，戊巳年黄，庚辛年白，壬癸年黑。有牛，角长，以角载物至胜二十斛。车有马车、牛车、鹿车。国人养鹿，如中国畜牛，以乳为酪。有桑梨，经年不坏。多蒲桃。其地无铁，有铜，不贵金银。市无租估。其婚姻，婿往女家门外作屋，晨夕洒扫。经年女不悦，即驱之；相悦乃成婚。婚礼大抵与中国同。亲丧七日不食，祖父母丧五日不食，兄弟叔伯姑姊妹三日不食。设灵为神像，朝夕拜奠，不制缞绖。嗣王立，三年不视国事。其俗旧无佛法。宋大明二年，罽宾国尝有比丘五人，游行至其国，流通佛法经像，教令出家，风俗遂改。

持肯定观点的学者认为，史籍中的扶桑木即盛产于中美洲的龙舌兰、玉米、棉花或仙人掌，史籍中所记扶桑国的建筑、文字、刑法制度和奴隶状况也与古代墨西哥的情况一致。据此，这些学者认为，从慧深听言扶桑国的大体地理位置判断很可能是美洲，而慧深是中国人，有的还考证他是宋文帝时期高僧慧基的弟子，

452—499 年远游于美洲，回国后成为北魏宣武帝时期的高僧。有的还举证，除了《梁书》的记载外，100 多年来，墨西哥、秘鲁等地出土了大批公元 5 世纪前后的中国文物；在印第安人的历法、工艺、音乐与舞蹈等方面保留着许多明显的中国遗风。这成为慧深到达美洲的重要旁证。

另有一些中外学者则持反对意见。他们认为，《梁书》中所述的扶桑国不是在墨西哥，而可能是在日本；《梁书》说得很明白，慧深是扶桑国人，不是中国人；《梁书》中所说引慧深说 485 年罽宾（今克什米尔一带）僧人到扶桑国传播佛教一事，显然与古代美洲印第安人的宗教信仰无任何相似之处，倒是与日本接受和弘扬佛教的社会现实相符；所述扶桑木其特征与龙舌兰、玉米、棉花均不甚相似，不可能是这三种植物中的任何一种；另外，《梁书》中记扶桑的某些官职和社会习俗也不见之于美洲古代社会，倒可以在日本的社会发展中找到痕迹。

长期以来，中国学者几乎一致支持吉涅的观点，代表人物有朱谦之[①]、陈志良[②]和马南邨[③]等。1947 年，韩振华在《福建文化》上发表《扶桑国新考证》一文，是最早提出反对意见的中国学者。1962 年罗荣渠发表《论所谓中国人发现美洲的问题》[④]一文，20

① 朱谦之：《扶桑国考证》，香港商务印书馆，1941 年版；《哥伦布前一千年中国僧人发现美洲考》，载《北京大学学报》1962 年第 4 期。
② 陈志良：《中国人最先移殖美洲说》，载《说文月刊》第 1 卷第 4 期，1940 年。
③ 马南邨（邓拓）：《谁最早发现美洲》等三篇短文，载《北京晚报》，1961 年 9 月，见《燕山夜话》二集，北京出版社，1962 年版。
④ 罗荣渠：《论所谓中国人发现美洲的问题》，载《北京大学学报》1962 年第 4 期。

年后又发表《扶桑国猜想与美洲的发现》，[①]产生了广泛影响。由此，中国学术界改变了"一边倒"的倾向，形成了两派不同观点的争论，但至今未获得共识。当代国外学者对此也看法不一，例如，墨西哥学者古斯塔沃·瓦加斯·马丁内斯（Gustavo Vargas Martinez）就明确指出，扶桑国绝不可能是墨西哥。[②]

一波未平，一波又起。关于公元5世纪中国僧人慧深发现美洲的争论尚未结束，一些学者又提出3000年前殷人扬帆东渡的新物证，于是，引发了一场新的争论。

殷人东渡美洲说

这场争论是从美国传来加州海岸发现"石锚"的消息引起的。1973年11月，美国地质调查局的一艘打捞船在加利福尼亚南部海岸外巴顿·埃斯卡普门地区（Patton Escarpment）水下打捞出一件中间有孔的圆形人工石器。石器表层覆盖有三毫米的锰矿外衣。按锰积聚率每千年一毫米来推断，沉海已两三千年。1975年初，两位美国潜水员又在加州洛杉矶附近帕洛斯·维尔德半岛（Palos Verdes）雷东多海滩（Redondo Beach）水下捞出9件人工石器，其中5件被认为是石锚。这批石器比第一次

---

① 罗荣渠：《扶桑国猜想与美洲的发现》，载《历史研究》1983年第2期。
② Gustavo Vargas Martinez, Fusan, *Chinos en America antes de Colon*, quoted from Diego L.Chou, *Los chinos en hispanoamerica*, *Cuaderno de Ciencias Sociales*, 124, Sede Academica, Costa Rica, FLACSO, San Jose, 2002, pp.10～11.

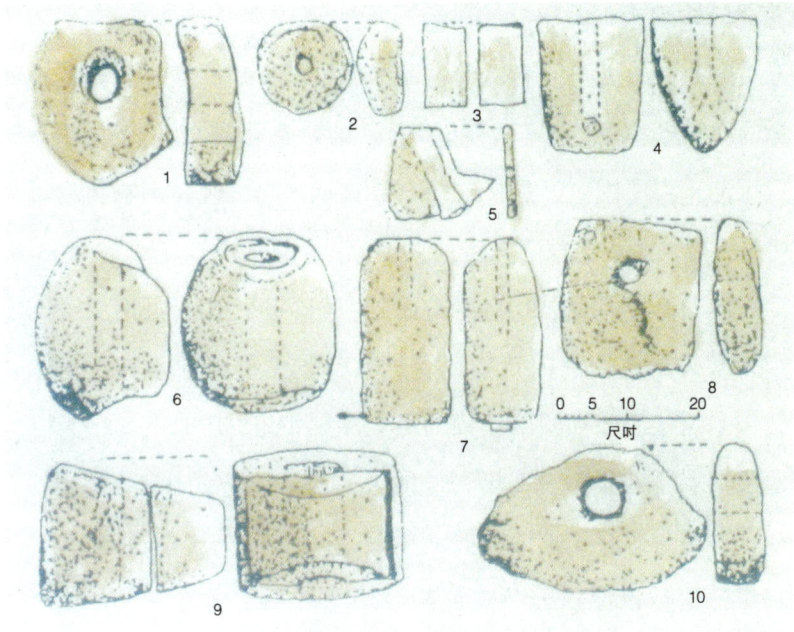

美洲加州海岸发现的"石锚"

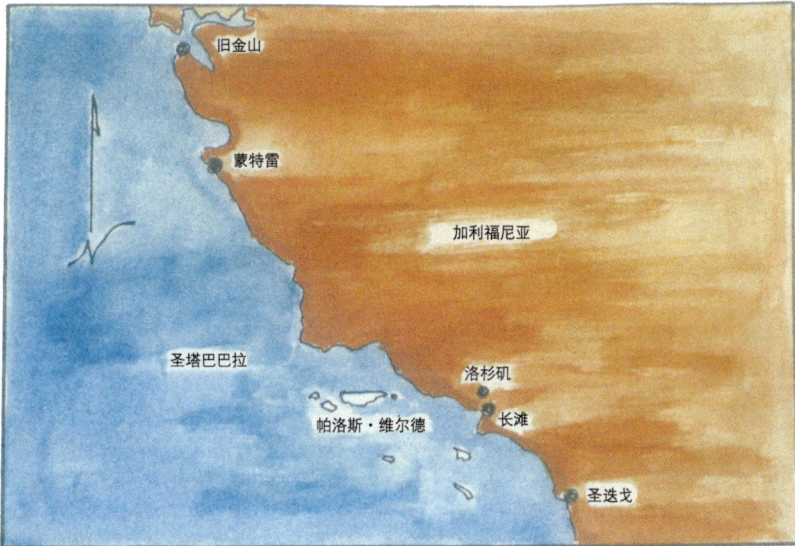

"石锚"发现的地区

发现的体积大好几倍。

据此，加州圣地亚哥大学海洋考古学家詹姆斯·莫里亚蒂和他的助手皮尔逊发表了两篇论文，[①] 认为使用这些大石锚的古老船只可能来自中国。于是，这些石锚被认为是发现美洲的新物证，中国人发现美洲的争论再起。

1979 年 8 月 19 日，房仲甫在《人民日报》国际副刊上发表《中国人最先到达美洲的新物证》一文，支持墨里亚蒂的观点，并结合中国航海史和使用船锚的历史加以论证。1981 年 12 月 5 日，他撰文《扬帆美洲三千年——殷人跨越太平洋初探》，提出"石锚"为殷人东渡美洲遗物的新见解。[②] 他说，"为人所知的中国高僧慧深五世纪时云游美洲的经历，都不能说是中国和美洲之间的最早交往"，"武王伐纣前，纣王曾把大军留驻于被征服的'人方'（夷方）国（在今山东省）"，后来"殷军国破家亡，遂逃向海外……漂泊沧溟，经年累月，终至到达了美洲"。他把这些海底"石锚"与 3000 年前的殷人联系起来，认为"石锚"正是那些东渡美洲殷人遗留下来的，从而把中国人到达美洲的时间前推了 1000 多年。

实际上，最早提出"殷人东渡说"的是英国汉学家梅德赫斯特。1846 年，他在翻译《书经》时，猜测公元前 1000 年左右可能有大

---

① Larry J Pierson and James R Moriarty，"Stone Anchors： Asiatic Shipwrecks off the California Coast"，*Quarterly Bulletin of the Anthropological Association of Canada*，vol.18，No.3，1980.
② 房仲甫：《扬帆美洲三千年——殷人跨越太平洋初探）载《人民日报》1981 年 12 月 5 日。

批被周打败的殷人渡海逃亡，漂泊到美洲西海岸，甚至在墨西哥建立了国家。160 年后，中国学界有人响应，陈志良发表《中国人最先移殖美洲说》，认为一部分殷民族由被纣王囚禁过的箕子率领，向东北迁徙最后到了美洲。殷人东渡说旧话重提还同奥尔梅克文化和查文文化考古新发现有关联。中美奥尔梅克文化、南美查文文化兴起的时间为公元前 1200 年左右，正好与殷人到达美洲的时间相吻合。同时，学者们还注意到"奥尔梅克文化与东方文化之间存在着广泛而引人入胜的未知联系，特别是呈现出一些很强的中国特征"。[①] 据此，有学者为殷人东渡做了具体设计：南下殷人或漂至台湾，偶趁黑潮海流，沿日本列岛之东北，顺西风漂流，过阿留申群岛之南的太平洋海域而至北美（发现"石锚"处），再趁加利福尼亚海流而至墨西哥。[②] 登陆后，在拉文塔建立了自己的都城，进而往南影响到秘鲁，形成了查文文化。

由于这场争论是由"石锚"引起的，所以关注的焦点集中在"石锚"问题上。墨里亚蒂的论文见报后，"石锚"说很快受到了质疑。1980 年经美国加州大学圣塔·芭芭拉分校地质系测定，在帕洛斯·维尔德发现的石器是方解石含量很高的页岩，这是"加州南部最常

---

① Eugenio Anguiano-Roeh，"Mexico's Diplomacy towards China"，in edited by Graciela de la Lama，China，México，El Colegio de México，1982，p.147.

② 房仲甫：《殷人航渡美洲再探》，《世界历史》1983 年第 3 期。作者在文中表示，当年自西向东通过自行漂流横渡太平洋是不可能实现的，并称"近年用电子计算机对上述自西向东漂流的模拟航向试验结果表明，其机会为零"。尽管如此，作者仍然为殷人精心设计了到达美洲的航线。不难发现，这一路线图乃是作者"今为古用"，借用了一千五百年后马尼拉大帆船的航海路线图。

奥尔梅克文化：美洲豹神绿玉雕刻

见的岩石之一"。[①] 从某些石器上取样证明，为石灰质岩料，这种岩料分布在包括我国台湾在内的环太平洋广大区域，而不在我国大陆，因大陆缺乏海相第三纪灰岩。[②] 值得注意的是，在同一水域中发现的这类遗物越来越多。数量如此众多，似乎就难以用偶然遇难的沉船遗物来解释。至于这些石器沉水的年代，是根据第一次发现的"石锚"表面覆盖有 3 毫米锰矿外衣推算出沉海已有两三千年，但锰积聚率的快慢与石器水下周围的环境有密切关系，不能依据表面的锰衣浓度做简单的推断。第二次出水石器的年代不详。因此，由此做出石器是两三千年前的遗物也是不准确的。[③] 加利福尼亚历史学家还提出了另一种解释，认为这些水下遗物同不到 100 年前在加州经营渔业生产的华工有关，可能是停泊固定船只、控制渔网用的。[④]

关于中国殷商文化与美洲奥尔梅克文化兴起的关系，肯定论者所列举的种种事例，至今还很难说哪一件可以作为具体确凿的证据。在研究方法上，他们往往局限于某种器物和习俗的对比，忽视文化形态的整体研究，难以得出科学的结论。这一点我们在下文还要讲到。

除了"慧深发现美洲说"和"殷人东渡说"之外，还有另外

① Frank J. Frost, "The Palos Verdes Chinese Anchor Mystery", Archeaology, Jan/Feb, 1982.

② 孙荣圭:《美洲石锚与中国航海》，载《地质学史研究会会讯》1982 年第 1 号。

③ 罗荣渠:《扶桑国猜想与美洲的发现》，见《美洲史论》，中国社会科学出版社，1997 年版第 179 页。

④ Frank J. Frost, "The Palos Verdes Chinese Anchor Mystery", Archeaology, Jan/Feb, 1982.

一种看法，即"法显发现美洲说"，但对此讨论不多。1900 年法国学者最早提出法显先于哥伦布到达美洲的观点，并见诸报端。随后，国内章太炎发表专论，支持此说。但法国报纸和章太炎的论据和论断有许多错误，难以令人信服。故此说未引起人们的注意。例如，章太炎根据《佛国记》所记法显在南海航行遇风漂流到耶婆提国的史实，认为耶婆提即南美的耶科陀尔（厄瓜多尔）。厄瓜多尔（ecuador，赤道）系西班牙殖民者征服美洲之后才有的名称，故此说根本难以成立。直到 20 世纪 90 年代，中国学者连云山著书对此说进行了考证。他认为，公元 412 年（东晋义熙八年），中国高僧法显在斯里兰卡乘中国商船回广州途中，在中国南海遇风东航 105 日，即三个半月，到达"耶婆提"。作者考证，此"耶婆提"不是一般认为的今天的爪哇，而是今墨西哥南部西海岸一带。法显在那里停留了 5 个月，于次年春，即公元 413 年（义熙九年）5 月乘船西航 112 日，于当年 9 月回到山东青岛崂山。他认为，法显是中国历史上有明文记载的第一个到达美洲的中国人，又是乘船从美洲回国的第一个中国人。[1] 但是，有的学者指出，连云山的书中没有提出任何新材料，其证明很难说服人。其实，书中说"耶婆提"不是爪哇，而是美洲，纯属猜想。做这样的猜想的，作者不是第一人，此前早已有人提出过，只是没有证明，也无法证明，因此很难被学术界接受。当然更谈不上是什么新的发现。[2]

---

① 连云山：《谁先到达美洲——纪念东晋法显大师到达美洲 1580 年兼纪念哥伦布到达美洲 500 年》，中国社会科学出版社，1992 年版。
② 王邦维：《法显与〈法显传〉：研究史的考察》，载《世界宗教研究》2003 年版第 4 期。

郑和船队发现美洲说

2002 年，英国海军退休军官加文·孟席斯，写了一本名为《1421：中国发现世界》的书，声称明代郑和船队先于哥伦布最早到达美洲。该书在 60 多个国家和地区相继出版，一时颇为轰动。于是，在纪念郑和航海 600 周年之际，又掀起新一轮"中国人发现美洲"的讨论热潮。

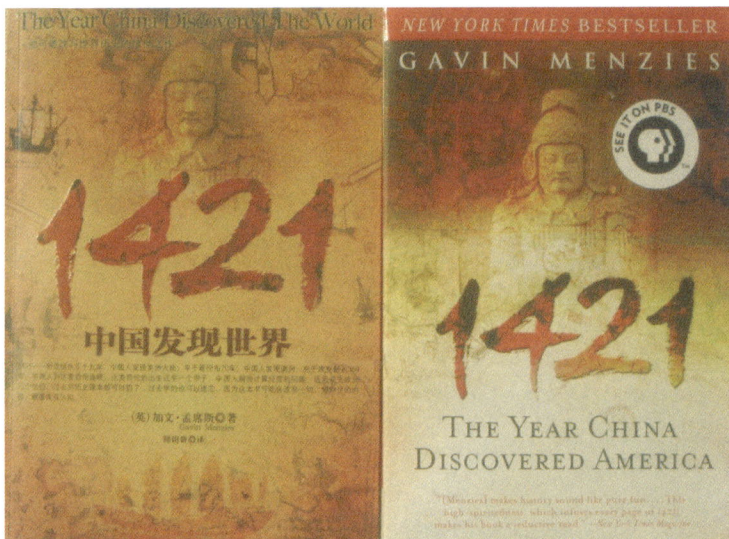

加文·孟席斯的《1421：中国发现世界》的中译本和英文本封面

孟氏书中涉及的年代，奥尔梅克文化和查文文化早已消失和湮没在莽莽丛林之中，只有玛雅人还活跃在美洲中部这片土地上。因而，玛雅人的生活及其文化成了孟席斯关注和研究的对象。他曾亲自到包括尤卡坦半岛在内的美洲广大地区进行考察，认为早期中国人对玛雅地区的影响"随处可见"，以至可以把那个时代

的南美大陆称为"中国美洲"。书中还对他所考察过的玛雅地区
做了这样的描述：与中国的"环境如此相似，妇女的服饰如此熟悉，
清晨母鸡'咯咯'的声音也如此亲近，人也是那么相似，如果误
认为身处中国，是可以原谅的"。在孟席斯的眼里"玛雅人的世界"
简直就是"中国人的世界"，中国人在哥伦布之前到达了美洲，
乃是确定无疑的事实。①

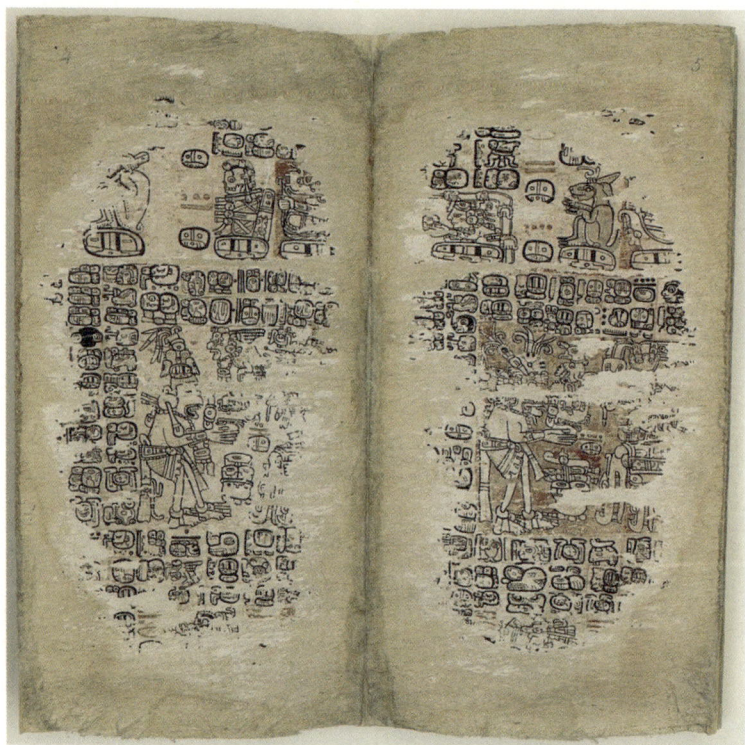

后古典时期玛雅手抄本，存于法国国家图书馆

① ［英］加文·孟席斯：《1421：中国人发现世界》，京华出版社，2005
年版第 137 ～ 150 页。

查文文化考古遗址

　　孟氏的"郑和船队发现美洲说"，当然也引起了中国学者的兴趣和关注，但实际呼应者寥寥。究其原因，主要是此书洋洋几十万言，提出了诸多新见解，如郑和手下大将周满的船队如何通过大西洋抵达加勒比海和中美洲，玛雅人又如何深深受到华夏文明的影响等等，言之凿凿，但几乎没有提供什么具体的资料或实物作为证据。这样，就很难开展学术性的对话和讨论。不过，中国拉美学界以直接或间接的方式对他的观点做出了回应。这是因为近一二十年来，我国与拉美国家的文化和学术交流日益频繁，有更多机会去了解这个地区的早期历史，出版了不少研究玛雅等印第安古文化的著作。^①笔者近期访问拉美时，也对尤卡坦半岛玛雅文化一些代表性遗址进行了考察，留下了深刻的印象。^②在这些已出版的著作中，有的也深信古代玛雅与中国存在过历史联系，然而，更多学者对此持怀疑和否定的态度。他们认为玛雅文化和其他印第安文化一样，是在与外部世界相隔绝的条件下独立发展起来的，玛雅文明自成一体，自有源头。主要表现在：

1. 玛雅文化的独特性。由于玛雅文明是在与亚、非、欧古代文明相隔绝的条件发展起来的，因而，玛雅的经济生活、社会组织和文化艺术自成一格，表现了与中国和旧大陆不同的特色。

打开地图，我们会惊奇地发现"中部美洲"与南部中国几乎处在同一纬度上，有类似的生态环境，都以农业为生，但他们天各一方，创造了不同类型的文化。中部美洲植物资源丰富，品种繁多，玛雅人培育了玉米、马铃薯、红薯、西红柿、辣椒、烟草和可可等作物，这些农作物在中国和整个旧大陆是见所未见、闻所未闻的；另外，这里虽然同样是原野辽阔、森林茂密、高山绵延，但却少有大型哺乳动物繁衍，牛、马这些大牲畜是哥伦布之后从旧大陆传入美洲的。玛雅人没有大牲畜、没有金属工具，也从未使用车轮，他们是在这样的"三无"条件下进行农业生产、从事

---

① 郝名玮、徐世澄：《拉丁美洲文明》，中国社会科学出版社，1999 年版。蒋祖棣：《玛雅与古代中国——考古学文化比较研究》，中国社会科学出版社，1993 年版。胡春洞：《玛雅文化》，复旦大学出版社，1997 年版。朱龙华：《叩问丛林：玛雅文明探秘》，云南人民出版社，1999 年版。林大雄：《失落的文明：玛雅》，华东师范大学出版社，2001 年版。
② 林被甸：《探访玛雅——兼评 G. 孟席斯关于玛雅文化来自中国影响的观点》，载《拉丁美洲研究》2006 年第 1 期。

早期玛雅人在尤卡坦半岛建的宫殿

文化创造的。玛雅人发明了同时代世界上最精确的历法，计算出一年为365.242天，与现代天文学计算结果几乎完全一致。创造了美洲独一无二的象形文字和20进位的数学，为世界上最早认识和使用"0"概念的民族。早在公元前4或3世纪，玛雅人已发明了记数系统，其中使用了大量"0"的概念。① 在世界其他地区，印度文明中最早出现了"0"这个数学概念，时间上也晚于玛雅人。玛雅人的智慧和创造力还表现在他们修建宏伟的金字塔、庙宇殿堂等建筑上的成就。这一切使得玛雅文化成为印第安古代文明的杰出代表。

玛雅历法（卓尔金历）

19世纪，在玛雅遗址被发现时，一些西方学者很难把眼前的宏伟建筑同他们心目中野蛮落后的玛雅人联系起来，就解释说这些建筑物是旧大陆某些人的杰作。只有J. 斯蒂芬斯完全摈弃了当时流行的所谓"文明扩散论"，断言这是一种独立存在的未知古老文明，为同一民族所创造。斯蒂芬斯最先确立了玛雅文明的独立地位，为玛雅考古学的创

---

① 参见西尔瓦纳斯·G. 莫莱：《全景玛雅》，文静、刘平平译，国际文化出版公司，2003年版第205页。

立奠定了基础。① 玛雅文化的独特性表现在社会生活各个方面。当你去实地考察玛雅文化遗址时，首先给你的强烈印象，是玛雅别具一格的城市建筑布局。以现今保存最为完好的奇琴伊察为例，整个中心区占地面积约为 10 平方公里，位于广场中心高达 30 米的库库尔坎（羽蛇神）金字塔是最引人注目的标志性建筑，环绕金字塔周围的建筑群有武士庙、美洲豹神庙、北极星神庙和螺旋形观象台。这些神庙殿堂气势雄伟，令人肃然起敬。稍远处为"修女院"、群房、浴室、鹿房、赛球场和集市广场等，这些主要是供祭司、贵族居住和活动的场所。再远处就是正北方向的"圣井"，人们常常把少女投入井中祭神求雨。偌大城市，其中心地区除有一处用于集市贸易的广场外，没有街道，少有民居，可以想见平日里的一片肃穆景象。只有举行宗教祭祀活动，人们才从四面八方聚集到这里来。广大印第安人则分散居住在市区外边缘地带的小茅屋里，他们甘于为众神灵默默奉献一切，包括自己的鲜血和生命。② 如果你登上库库尔坎金字塔，这样一幅古代玛雅人社会生活的全景图就会清晰地呈现在你的眼前。玛雅文化聚落中心在不同时期有所不同，但基本格局千年未变。可见，玛雅文化聚落是以中央广场和大型宗教性建筑为中心规划而成，表现了强烈的宗教色彩，而古代中国的聚落则以政治统治为中心，宫殿建筑和军事防御被置于规划的中心地位，表现了王权至上的特色。按照玛

---

① 斯蒂芬斯（John Stephens）关于玛雅文明的代表作有：*Incidents of Travel in Central America*，*Chiapas*，*and Yucatan*（1841）；*Incidents of Travel in Yucatan*（1843）.

② 玛雅人有活人祭祀的习俗。

雅人的世界观，他们的每一天和生活的各个角落都由众多的神灵以及他们的代表祭司管理着，生活在以"神权"为中心的世界里，这与以"王权"为中心的中国古代社会相比较，两种文化的差异是十分明显的。

羽蛇头像，库库尔坎金字塔阶梯底部

武士庙

螺旋形观象台

只要稍加留神，玛雅人在建筑工艺上的特色也引人注目。笔者在考察中特别注意了拱顶结构，这种拱顶结构被认为是玛雅文化的重要特征之一。[①] 玛雅人建造拱顶采用了一种特殊的方法，把向上叠压的石块逐级内收到顶端，形成一道狭长缺口，最后在缺口上横盖一块拱顶石。这种尖状拱顶在建筑学和美学上别具一格，同样令人印象深刻。但是，他们在建造拱顶时，只知道利用叠压产生的支撑力，不知道重压引起的应力能产生特殊的效果，这样，

特奥蒂瓦坎的一个神庙，一个典型的墨西哥的美洲印第安人古典建筑

---

① ［美］西尔瓦纳斯·G. 莫莱：《全景玛雅》，文静、刘平平译，国际文化出版公司，2003 年版第 37 页。

在建筑跨度和结构耐久力方面自然就受到局限。所以，他们的建筑物，看上去宏大壮观，内部开间却十分窄小，实用性上大受限制，而且容易坍塌。我们在参观遗址时，往往仅看到一根根残留的廊柱和断壁，建筑物的顶部大多荡然无存，想来与此有关。在我国古代造桥建房中广泛应用了圆拱结构，为建筑技术中的一绝，可以经受千百年风雨的考验。如果玛雅人了解和掌握这门技术，他们在建筑中不会一无采用，今天我们看到的可能是另一番景象了。

陶器作为文明进程的标志备受研究者的重视。我国青年考古学者张祖棣以陶器为重点，进行了"玛雅与古代中国"的专题研究。20 世纪 80 年代他曾在哈佛大学做研究工作。在讲到为什么会选择这一课题时，他回忆说，一次，当他进入哈大皮博迪博物馆[1] 大仓库，他见到摆放在那里的玛雅陶器，竟然产生了"似曾相识的感觉"。脑子里便出现了串串疑问："这相似由何而来？难道这跨国万里、时越数千年的两个文明之间真有鬼使神差？"带着这些疑问，他进行了几年的苦心研究。他广泛搜集资料，把两种文化的陶器加以分类排比，就陶器的形制、装饰技法、纹饰图形和使用功能等方面进行了对比研究。他完成了题为《玛雅与古代中国》的博士论文，最后得出结论说：玛雅陶器和古代中国的陶器有一些相似，有的还非常相近，但是，它们各有自己的发展脉络，它们的演进自成体系；两种文化间相似的遗物只是形似，并不反

---

① 哈佛大学皮博迪（Peabody）博物馆在 1888—1915 年曾向中美洲派遣了多支考古队，拥有丰富的相关馆藏。

映两种文化间的直接联系。①

根据一些学者的研究，历史上有多批古代中国人漂洋过海来到美洲，有的还是浩荡船队，规模不小。如果真是如此，那么，在农作物品种、家畜饲养、生产工具、器皿用品、建筑工艺以及社会政治经济生活等方面，在玛雅和其他印第安地区不可能不留下某些明显的痕迹。

2. 玛雅文化的连续性。起源于公元前 2000 年的玛雅文化，在其长达 3000 年的发展进程中，如同中华古文明一样，表现了自身很强的连续性。玛雅文明一般可分为三个阶段：前古典期（公元前 2000—公元 300）、古典期（公元 300—公元 1000）和后古典期（公元 1000—公元 1500）。虽然玛雅人活动地域广阔，聚居点分散，"城邦"此兴彼衰，从未形成过统一国家，但其文化发展的各阶段，前后相继，保持着固有特色。例如，玛雅人有自己的语言和文字，有包括发明"0"在内的数字系统，有立碑记事的习俗，有自己信奉的神祇和礼仪。正是勒石建碑的习俗给后人保存了玛雅文明的确切记录。通过在蒂卡尔发现的最早有公元 292 年确切记载的石碑以及公元 889 年的最后一块石碑，得以揭示古典时期玛雅文明的兴衰史。石碑与拱门、陶器一起被看作玛雅文化在考古学上的三大特征，这三个特征贯穿于佩腾盆地古典时期玛雅文化发展的始终。② 这一切都反映了分布广泛、延续上千年的玛雅文

---

① 张祖棣：《玛雅与古代中国——考古学文化比较研究》，中国社会科学出版社，1993 年版第 137、138、191 页。
② ［美］西尔瓦纳斯·G. 莫莱：《全景玛雅》，文静、刘平平译，国际文化出版公司，2003 年版第 37 页。

蒂卡尔一号神庙

化的同质性和同源性。

　　把视野从玛雅文化扩大到墨西哥中部高原文化区，看一看奥尔梅克文化、特奥迪瓦坎文化、托尔特克文化以及后来的阿兹特克文化，同样可以发现这些文化之间所具有的某种传承和连续性的特点。例如历法、神祇、金字塔坛庙、球赛等，都反映了它们之间的共同文化特征。因此，有学者专门创造了一个新名词Mesoamerica，作为一个大文化范畴，把它们统称为"中部美洲"文化或"中美文化区"，不是没有道理的。

阿兹特克日历石，藏于墨西哥国立人类学博物馆

特奥迪瓦坎文化遗址

　　玛雅人崇拜豹神，玛稚人所崇奉的是"美洲豹"（jaguar），早期西班牙殖民者误译为"虎"。文化聚落中心常设有豹神庙。奇琴伊察中心广场建有一座颇有规模的豹神庙，著名库库尔坎金字塔所覆盖的一座古老庙宇也是豹神庙，这座"庙中庙"中至今仍供奉着一尊以绿宝石做斑纹的红色美洲豹石雕像。可见，在玛雅文化中豹神爷的地位不寻常。然而面对这些豹神像，你自然会联想起千里之外3000年前的奥尔梅克文化，那里曾出土众多半人半豹的娃娃头像（亦称虎娃），它们之间可谓一脉相承。在中美洲丛林中，美洲豹为百兽之王，印第安人把它看作是力量和智慧的象征，他们常常将自己的门齿修成尖形，小孩儿出生后把前额夹成扁平状，模仿美洲豹的样子。可见，豹神崇拜并非舶来品，而是中部美洲自有源头、自成一体的文化特征，奥尔梅克文明也是在本土文化基础上发展起来的。

　　美洲印第安人源自亚洲，几万年前从西伯利亚渡白令海峡来到美洲大陆，这已成为学界共识，也为考古学、人类学所证明。同时，大量历史事实也说明，作为一种文明形态，印第安古文明是在美洲大地上孕育和繁衍起来的，它和中华古文明各有其不同的文化内涵和特质，它们是彼此独立地完成了从农业兴起到文明昌盛的发展过程。有的学者坚持印第安文化接受了中华古文化影响的看法。我们认为，印第安古文化曾受到外来文化某种影响的可能性不应完全被排除，但是，中国和拉丁美洲在哥伦布之前发生过直接交往的说法，至今并未得到历史的证实。因此，学术界较为一致的意见是，这两个地区之间的接触和联系的建立乃是近代殖民主义兴起的结果。

亚洲先民到达了白令海峡（墨西哥国家历史博物馆展图）

第三章

马尼拉帆船开辟了中拉早期文化交流的太平洋通道

16世纪中叶，马尼拉大帆船贸易开启了中国与拉丁美洲联系的太平洋通道，它不仅架起了中国与拉美密切交往的桥梁，而且沟通了东西方文化交流的新渠道，在世界交通史上写下了光辉的一页。

马尼拉港口的船队

太平洋上的丝绸之路

中国与南洋各国自古以来就有贸易和文化往来。元代到明初，随着海上交通的发达，交往尤为密切。然而，自西方殖民主义兴起后，中国与南洋各国的传统关系为之大变。16世纪初即明代中叶，葡萄牙殖民者东渡印度洋，先后占据印度果阿、马六甲，1557年侵占澳门。与此同时，西班牙殖民者沿相反方向渡太平洋，侵占菲律宾群岛中的吕宋岛，与葡萄牙殖民者会合于中国的南大门。他们把各自所经之地作为自己的势力范围，从而对世界进行了第一次大划分。西班牙和葡萄牙两国在亚洲大致以菲律宾为界，各自向东、西进行殖民扩张，由此全然改变了中国与南洋各国的传统联系。

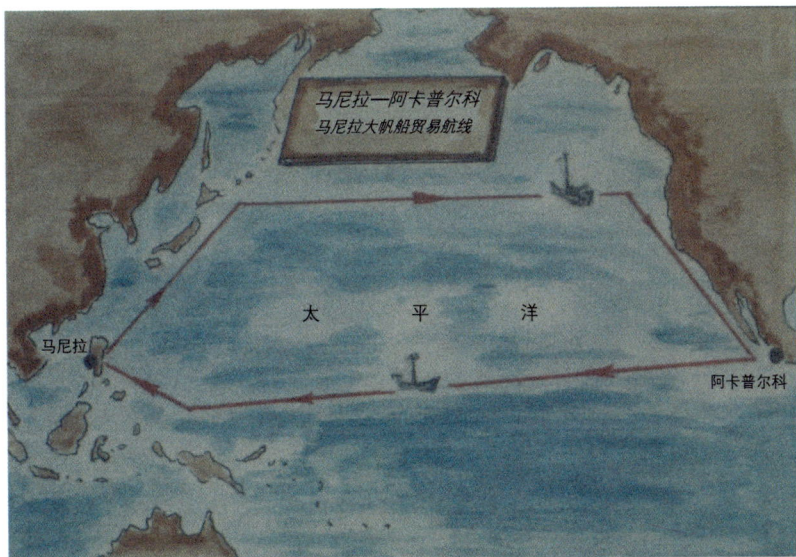

马尼拉大帆船太平洋航线图

葡萄牙在亚洲以澳门和果阿为据点，开辟了"澳门—果阿—里斯本—巴西（或先到巴西再到里斯本）"商贸航线。对于中国来说，这条西向的印度洋通道，是与美洲联系的第一条渠道。西班牙在亚洲则以菲律宾为据点，开辟了"塞维尔（西班牙）—阿卡普尔科（墨西哥）—马尼拉（菲律宾）—中国闽粤口岸"商贸航线。对中国来说，这条东向的太平洋通道，是与拉美联系的第二条渠道。中国与拉美关系主要是通过太平洋通道发展起来的，因而太平洋通道为中国与拉美联系的主航道。借助这条航道，以丝绸为主的中国商品源源不断地经由马尼拉运往墨西哥，行销于拉美各地并远销至欧洲。于是，中国古代通往西方的传统"丝绸之路"主要转移到太平洋上，形成了太平洋上的"丝绸之路"。

行驶在这条航线上的西班牙船只，一般是一百多吨至三四百吨的三桅帆船，在马尼拉利用当地木材制作，故叫马尼拉大帆船（Manila Gallaon）。这种以菲律宾为中转的中国与拉美之间的贸易活动，通常就称为"马尼拉大帆船贸易"。

马尼拉大帆船贸易起始于何时

马尼拉大帆船贸易起始于何时？对此，有 3 种不同的说法：1565 年说[1]、1571 年说[2]、1573 年说。[3] 在 3 种不同说法中，实际

---

[1] 吴杰伟：《大帆船贸易中精神层面的文化交流》，载《亚太研究论丛》第 1 辑，北京大学出版社，2004 年版第 177 页。

[2] 万明：《明代白银货币化：中国与世界连接的新视角》，载《河北学刊》2004 年第 3 期。

[3] 何芳川：《崛起的太平洋》，北京大学出版社，1991 年版第 88 页。

上包含两个具体问题：一个是马尼拉大帆船贸易的航线是何时开辟的，另一个问题是马尼拉大帆船贸易首航于何时。不同说法的分歧，都与这两个问题相关联。

关于第一个问题，马尼拉大帆船贸易的航线开辟于何时？学界大多采用 W.L. 舒尔兹的说法。舒氏在其影响广泛的《马尼拉大帆船》一书中，开卷第一句话就是："第一艘大帆船于 1565 年横渡太平洋，而最后一艘大帆船于 1815 年返航入港。"[1] 如此算来，这条航线前后正好持续了 250 年。马尼拉大帆船贸易航线的开通发生在 16 世纪中西班牙殖民势力占据菲律宾之后。1565 年 4 月，以米格尔·洛佩斯·莱加斯皮（Miguel Lopez de Legazpi 又译黎牙实比）为司令的远征军入侵宿务岛，在菲律宾建立起第一个西班牙殖民据点。根据西班牙国王的要求，他们除占领全部菲岛外，还负有另一项使命，即寻找一条横渡太平洋返回墨西哥的航路。西班牙人称太平洋为"南海"（South Sea），海域 7000 万平方英里，比大西洋水域大两倍，比印度洋大三倍，激流汹涌，飓风横生，是世界上航程最长、风险最大的远洋航线。但这条航线，对西班牙来说，为维持对美洲和菲律宾岛殖民统治的运输线和供应线，进而实现建立"太平洋殖民帝国"的梦想，是至为重要的。

莱加斯皮把这项任务交给了修道士、航海家安德列斯·德·乌达内塔。此前，他们从墨西哥至菲律宾是由东向西横渡太平洋到达的，但经原路返航因逆流逆风而不可能，只有向西穿过印度洋、大西洋才可回到美洲，这样费时费力去绕大圈子是西班牙所不愿

---

[1]　William Lytle Schurz，*The Manila Galleon*，New York，1959，p.15.

意的。1565 年，这位富有航海经验的修道士最后探索到了一条经北太平洋由西向东的新航路。是年 6 月，乌达内塔率"巴勃罗"号起航，先随季风穿过莱特湾，经圣贝纳迪海峡驶入太平洋，再顺风北上，绕北太平洋借西风东驶，当靠近北美海岸时，再由西向南航行，于 10 月 8 日抵达墨西哥的阿卡普尔科港，历时 129 天。后来从马尼拉开往阿卡普尔科的大帆船，都是走的这条航线，马尼拉大帆船航路由此相对固定下来。只是经后来多次航行，稍微有所调整，即把北太平洋航线一段再向北移至北纬 40°～ 42°的海域，以便更好地利用日本至美洲的由西向东的"北太平洋"海流来加快航速。航程一般需时半年。出航时间，通常也定在每年 6 月中旬至 7 月中旬，以利用季风，并避免 7 月中旬以后随时可能遭遇的海上飓风的凶险。相比之下，从阿卡普尔科到菲律宾的返程航线较为便捷：次年 2 月中旬至 3 月底离港，先向南行驶，至北纬 10°～ 13°海域，借东风西航，横跨太平洋，经关岛至马尼拉，全程一般需时 3 个月。

因此，我们可以说，是乌达内塔"巴勃罗"号 1565 年的航行，开辟了从菲律宾至阿卡普尔科的这条重要的太甲洋航道。

关于第二个问题，大帆船贸易首航于何时？1565 年菲律宾至阿卡普尔科航线开辟之时，是否也是马尼拉大帆船贸易首航之年呢？回答是否定的。首先，1565 年西班牙殖民者开始侵入并局部占领菲律宾，菲律宾同中国的传统商贸关系遭到破坏，但西班牙在菲律宾的贸易垄断体制尚未建立起来。中国与菲律宾岛早就有友好贸易往来，这种交往的历史可以上溯到公元 3 世纪汉末和三国时代。[①] 到宋元时代，我国商贾乘船至菲岛贸易，往来不断；岛上的吕宋等国与中国还建立了"朝贡贸易"关系，吕宋诸港成为中菲贸易的中心。中菲之间延续了千百年的这一传统友好关系，由于西班牙人的到来而遭到破坏。因为大帆船贸易虽然以对华贸易为基础，西班牙人继续利用了中菲间的传统贸易联系，但中菲贸易由此在性质上已发生了变化，被纳入整个西班牙美洲的贸易垄断体系之中。而在菲律宾，这一垄断贸易体系是到西班牙占领马尼拉、实现对全菲岛的统治后才得以建立起来的。"巴勃罗"船上并没有来自中国的商品，也不能看作是中拉贸易的开始。

其次，菲律宾至墨西哥阿卡普尔科航路的开辟，只是为大帆船贸易准备了条件，并不等于大帆船贸易的开始。西班牙侵占宿务后，1571 年 4 月进而攻取吕宋岛，占有马尼拉，把马尼拉作为统治全菲岛的首府和通航美洲的唯一港口，西班牙在菲律宾的垄断贸易体制由此开始确立。西班牙政府禁止外国人与其美洲殖民地直接贸易，这种贸易垄断政策决定了中国与美洲之间交往的间接性。中国与拉美不能直接通航通商，中国货物都要人为地经过宗主国西班牙在亚洲的殖民地，中拉贸易联系以分段衔接的方式纳入西班牙垄断贸易体系之中。

西班牙用兵马尼拉并在那里开埠，直接的目的就是要开展对中国的贸易，建立起这条由西班牙主导的贸易通道。但中拉之间

---

① 周南京：《中国和菲律宾文化交流的历史》，《中外文化交流史》，河南人民出版社，1987 年版第 440 页。

的贸易并不是随着马尼拉的被占领就立即开始的。中国在 1567 年正式开放海禁后，华商得到了较大的海外贸易自由，络绎有华人商船来菲。据记载，西班牙殖民者与在菲律宾的华商首次接触是在 1570 年。① 到 1572 年，中国商船才为菲岛殖民当局运来了丝货、棉织品和陶瓷等样品，经双方议价成交，商定待来年供货输往墨西哥。终于，1573 年 7 月 1 日，即太平洋航线开辟 8 年之后，两艘载着中国货物的大帆船扬帆首航，离开马尼拉前往美洲，所载货物包括 712 匹中国丝绸和 2.23 万件精美瓷器。② 这次航行历时 5 个月，于同年 11 月抵达墨西哥的阿卡普尔科港。这就是历史上著名的马尼拉大帆船贸易的开端。

因此，可以说：1565 年以乌达内塔抵达阿卡普尔科为标志，为太平洋航道开辟之年：1571 年以占领马尼拉为标志，为西班牙在菲律宾建立殖民统治之年。但这一切都只为马尼拉大帆船贸易做了必要的准备，实际贸易活动并未由此开始。由此可见，考察马尼拉贸易联系的建立，似不宜只着眼于哪一年，因为从太平洋航道的开辟到马尼拉大帆船贸易的开展，实际上经历了一个过程，前后历时 8 年；只有到 1573 年，第一艘装载中国货物的大帆船抵达阿卡普尔科，才是历史上著名的马尼拉大帆

---

① "Relation the voyage to Luzon"（June，1570），in E. H. Blair and J. A. Robertson，eds.，*The Philipine Islands*，1493-1898（55vols，CIeveland，1903-09），Vol.3，pp.75～76.

② William Lytle Schurz. *The Manila Galleon*，New York，1959，p.27；Hemando Riguel and others. "Las nuevas gueseriven de las yslas del Poniente"（January，1574）in E. H. Blair and J. A. Robertson，eds.，*The Philipine Islands*，1493-1898，vol.3，pp.246～248.

船贸易的真正开端。

马尼拉大帆船贸易是以马尼拉为中转的中国与拉美的贸易联系，航线的西端起点在中国。中国商船主要在福建和广东两地港口出海，一般 15 ～ 20 日便可驶临菲岛。中国船队靠岸后，货物一经完税和转卖，立即被装到待航墨西哥的大帆船上。从中国港口前往马尼拉的船，有少数来自澳门。葡萄牙殖民者 1557 年强占澳门后，经常把中国货运至马尼拉出售，形成澳门—马尼拉—墨西哥延伸线，澳门成为中国与拉美经济和文化交流的另一个基地。因此，太平洋航路一经开通，中拉双方经济和文化交流很快发展起来。1573 年马尼拉大帆船首航成功，往返于马尼拉和阿卡普尔科的大帆船络绎不绝，贸易量与日俱增。1575 年骤增为 14 艘。[①]清代张荫桓的《三洲日记》描述了当年的贸易状况："查墨国记载，明万历三年，即西历一千五百七十五年，（墨）曾通中国。岁有飘船数艘，贩运中国丝绸、瓷、漆等物，至太平洋之亚冀巴路商埠（阿卡普尔科港），分运西班牙各岛（指西属美洲大陆和加勒比海诸岛）。其时墨隶西班牙，中国概名之为大西洋。"[②] 从 1575 年起至 1815 年中拉早期贸易结束，"每年驶往马尼拉的中国帆船数通常在 20 ～ 60 艘"。[③] 彼埃尔·肖努对马尼拉帆船贸易做了专题研究，整理了较详细的统计资料，罗荣渠据此制作了一份较为

---

① 钱江:《1570—1760 年的中国和吕宋贸易的发展及贸易额的估算》，载《中国社会经济史研究》1986 年第 3 期。
② 张荫桓:《三洲日记》卷五。
③ William Lytle Schurz, *The Manila Galleon*, New York, 1959.p.71.

简明的统计表，引用如下：[1]

表 1

年代	总船（只）	年平均（只）	年代	总船（只）	年平均（只）
1580	98	24.5	1680	69	11.5
1590	94	23.5	1690	161	16
1600	226	26.6	1700	191	21
1610	108	1700	1710	104	11.5
1620	55	13.7	1720	113	11.3
1630	287	28.7	1730	127	14
1640	153	15.3	1740	129	16
1650	57	7.1	1750	127	12.7
1660	45	6.4	1760	64	9.1
1670	29	4.8	1770	61	8.7

对于以上统计表需要加以说明的是，在驶往马尼拉的还包括了来自其他国家的船只，但在各国船只中，中国占绝对的优势，有时全部进口船都来自中国。

深受欢迎的中国丝绸和瓷器

通过马尼拉大帆船输往拉丁美洲的货物，品种繁多，包罗万象，各种中国特产、工艺品、日用品应有尽有。而这些货物中最具特色的要算是中国生丝、丝织品和瓷器。其中丝货体积小、重

---

[1] Pierre chaunu, *Les Philippines et le Pacifique des Iberiques*，1960，Pails；罗荣渠：《美洲史论》，中国社会科学出版社，1997 年版第 340 页。

量轻，而价值大且广受欢迎，自然成为越洋远程贸易的主要商品。因此，马尼拉大帆船也被称为"丝船"或"中国之船"（Nuos de China）。

中国丝绸自古闻名于世，明代中叶以后，丝绸工业发展快速，技术先进，产量丰富，价廉物美，使欧洲同类产品黯然失色。中国丝绸成为美洲市场上的畅销货。在 1636 年以前，每船登记载运的各种丝织品为三四百箱。但在 1636 年出发的船，其中一艘船载运的丝货超过 1000 箱，另一艘多至 1200 箱。每箱的容量，以 1774 年起航的商船为例，内装珠色广州光缎 250 匹、深红色纱 72 匹，共重约 110 公斤；装长筒丝袜的箱重 100 多公斤，内装 1140 双丝袜。[1] 由此可见中国与美洲丝货贸易的盛况。

明代输往海外的精美丝织品

---

[1] 全汉昇：《自明季至清中叶西属美洲的中国丝货贸易》，载《中国经济史论丛》第 1 册，香港，新亚研究所，1972 年第 465 页。

每当满载中国货的大帆船到达阿卡普尔科，还要举办大规模的集市。届时，各路商贾云集，教堂钟声齐鸣，人们载歌载舞，犹如庆祝盛大的节日。阿卡普尔科成为中国货物的美洲集散地。集市贸易一结束，各有所获的商人们兵分两路：一路乘船沿太平洋海岸南下秘鲁并转销于智利和阿根廷；一路雇用骡队赶运墨西哥城高价出售，其中部分从墨西哥转运到中美洲、加勒比海地区以及西属美洲其他各地。从阿卡普尔科到墨西哥城这条长达 600 公里的崎岖山路，一时因驮运中国货物的骡队不绝于道而热闹起来，被称为"中国之路"。

中国丝绸在拉美各地受到广泛的欢迎。在墨西哥不论男女，都争穿来自中国的丝绸、绫子、缎子、斗篷、缎带，"精美绝伦，遍销全境，以至除中国丝绸外，墨西哥不再消费其他丝织品。结果，西班牙的所有丝织工场都破产了，连经营对印度贸易的商人也因损失巨大而破产了"。① 在秘鲁，由于丰富银矿的发现，社会购买力高，更成为中国丝货的广阔市场。1602 年 5 月 15 日蒙特瑞公爵（Conde de Monterrey）上书西班牙国王，描述了秘鲁社会男女争穿中国丝绸的情况，他写道："那里（利马）的西班牙人都过着非常奢华的生活。他们都穿最上等、最昂贵的丝绸衣料，妇女们盛装丽服之繁多与奢侈，为世界上其他国家所罕见。因此，每年只要有四艘商船开往秘鲁，所有的衣料都会销售一空，其他货物也是一样，因为商船要隔很久才去一次，而人们却一向都穿西班牙

① 严中平：《丝绸流向菲律宾白银流向中国》，载《中国近代史研究》1981 年第 1 期第 149 页。

和中国运去的衣料。"[①] 不仅西班牙殖民贵族使用中国丝绸，西班牙僧侣用它来缝制法衣、装饰华丽的教堂，连印第安人的教堂也用便宜的中国丝织品做装饰物。中国丝绸质地优良、价格低廉，18 世纪在秘鲁的售价仅为西班牙制品的三分之一，[②] 它受到如此广泛欢迎就不是偶然的。

另一种受到拉丁美洲人民喜爱的是中国瓷器。中国的粗细瓷器很早就畅销西方，最初是葡萄牙商人，后来荷兰和英国商人都贩运中国瓷器转销欧美。16 世纪初，在巴西的葡萄牙殖民贵族的家庭中开始有人使用中国瓷器。到 17 世纪时，昂贵的中国瓷器在巴西上层社会已非罕见。18 世纪后期，有些贵族为了炫耀门第，专门到中国订制绘有家族纹徽或勋章图案的成套茶具或餐具。葡萄牙贵族阿维拉斯公爵携往巴西的一个茶壶就是在中国订制的，壶上绘有公爵家族的纹章。19 世纪初，葡萄

葡萄牙贵族阿维拉斯公爵携往巴西的中国瓷壶，壶上绘有公爵家族纹章

① "Extracts of two letters from the Conde de Monterrey"（Mayr，1602）in E. H. Blair and J. A. Robertson，eds.，*The Philipine Islands*，1493—1898，vol.12，pp.63 ~ 64.

② "Commerce between the Philippines and Nueva Espana"（1736），in E.H. Blair and J. A. Robertson，eds.，*The Philipine Islands*，1493—1898，v.30，p.77.

牙王室迁往巴西，1818 年若昂六世即位时，中国清朝嘉庆皇帝赠送一套精美的茶具，瓷盘中央绘有葡萄牙—阿尔加维—巴西联合王国徽章，四周有汉字："书有今古义，诗分大小雅"。1822 年巴西获得独立时，一些爱国者为了表示纪念，在中国订制了一套瓷餐具，瓷盘上面写有葡文"巴西独立万岁"字样。[①]这些都成了中拉文化交流史上的佳话。传入巴西的瓷器主要通过伊比利亚与澳门的通道，而瓷器作为商品大宗输往拉丁美洲，则始于大帆船贸易。1573 年首航美洲的马尼拉大帆船，所载货物的清单中列有中国瓷器 2.23 万件，即是最早的记录。[②] 瓷器初入美洲，价格昂贵，往往要用同等重量的白银作为交换。在殖民地贵族中往往以拥有中国瓷器之多少作为衡量其财富和文明教养的一个标志。据日本学者三杉隆敏著的《海上的

若昂六世

葡萄牙摄政王若昂收藏的八角形孔雀花纹瓷盒

---

① Miehal Beurdeley, *Porcelaine de la Compagine des Indes*, 2e ed, Fribourg Office du Livre, 1969, p.191.
② Hemando Riguel and others, "Las nuevas guescriven de las yslasdel Poniente"（January, 1574）in E. H. Blair and J. A. Robertson, eds., *The Philipine Islands*, 1493-1898, vol.3, p.246.

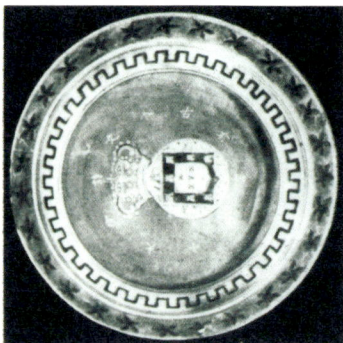

1818 年葡王若昂六世即位时清朝嘉庆皇帝赠送的瓷盘。盘心绘有联合王国纹章，四周有汉字"书有古今文，诗分大小雅"

1822 年巴西佩德罗一世加冕庆典，巴西爱国者所赠送的瓷盘。盘心绘有巴西帝国国徽，在十字形花纹上有葡文"巴西独立万岁"字样

丝绸之路》中介绍：1968—1970 年，墨西哥城在修建地下铁道时出土了 291 片中国陶瓷残片。其中有明代嘉靖至万历时期的青花与五彩，包括桃形"寿"字青花碎片、莲塘水禽与长颈凤凰，还有底足书"富贵佳器""万福攸同"的瓷器碎片。①

马尼拉大帆船贸易对拉美地区的经济发展起到了促进的作用。16 世纪 30 年代前后，西班牙殖民者曾在墨西哥经营养蚕业，建立丝织工场。墨西哥城、普埃布拉和安特卫拉这些重要纺织中心，主要使用附近米斯特加地区的生丝为原料，也使用西班牙的生丝。到 1600 年，西班牙为保证本国的蚕丝业，对殖民地养蚕业加以限制，墨西哥等地的丝织业生产一度陷于危机。中国生丝的输入，为墨西哥纺织厂提供了原料，使 1.4 万余人获得了就业的机会。② 中

---

① 转引自中国陶瓷网。

② "Commerce between the Philippines and Nueva Espana"（1736）, in E.H.Blair and J. A. Robertson, eds., *The Philipine Islands*, 1493-1898, v.30, p.75；C.H.Haring, *The Spanish Empire in America*, 1947, p.237.

国陶瓷对墨西哥本地的陶瓷制作业，从造型到釉彩的运用，都发生过影响。普埃布拉城在18世纪末有46家制瓷工场仿造中国瓷器。

阿卡普尔科博物馆收藏的中国古代瓷器　　墨西哥历史博物馆收藏的中国古代瓷器

一些城镇也由于大帆船贸易而兴起或变得繁荣起来。阿卡普尔科原是一个偏僻的海边小镇，1598年仅为250户人家。随着中拉贸易的发展，阿卡普尔科一跃而为墨西哥著名港口。到19世纪初，这里常住人口达4000人，在集市贸易期间可增至1.2万余人。[1]18世纪末到过墨西哥科学考察和游历的德国著名学者洪堡，曾将阿卡普尔科誉为"世界上最享盛名的集市"。[2]为了把中国货物转销各地，竟有7.5万匹骡马组成的运输队伍活跃在墨西哥境内的大小商道上。

---

① William Lytle Schurz, *The Manila Galleon*, New York, 1959, p.375.
② William Lytle Schurz, *The Manila Galleon*, New York, 1959, p.381.

中华文化艺术
对拉美社会生活的影响

往返在太平洋的大帆船，不仅运载货物，进行器物层面的文化交流，而且也运送人员、传递信息，带动精神层面的文化交流。精神层面的文化常常以经济活动为依托，通过经济活动渗透到社会的方方面面，产生更为久远的影响力。

在墨西哥，流传着一个"中国姑娘"的动人故事。传说在 17 世纪初，一位中国公主被商人带到墨西哥（另说是被拐骗到奴隶市场），卖到普埃布拉大商人米洛索萨的家中当女仆。她设计出一种丝料女装，长裙、无袖，墨色底衣上加金色镶边和红、白、绿色的绣花，鲜艳夺目，惹人喜爱。后来墨西哥妇女仿效制成名为"中国村姑"（China Pablana）的女装，流行至今，成为墨西哥妇女的一种民族服装。这位中国姑娘的西班牙教名叫卡塔利娜·德·圣胡安（Catalina de San Juan），她的受人尊敬的事迹保留在墨西哥耶稣会教堂的刻壁上。她手牵长裙、亭亭玉立的塑像，今天仍矗立在普埃布拉市的

耸立于普埃布拉街头的中国姑娘塑像

普埃布拉"中国村姑"女装式样

053

一处广场上。

实际上，中国文化的影响表现在拉美社会生活的很多方面。在西属美洲，随着丝绸、瓷器等众多中国商品的输入，中国的实用工艺美术技法和风格也得到传播。瓷器是中国艺术的独创，瓷器上绘有各种花纹、图案、中国风景和历史故事，表现了中国优美的文化传统和审美观念。瓷器成为了解古典东方情趣的媒介。中国的漆器、画屏，形式多样的扇子、梳子也由大帆船传入美洲。据记载，1767年"圣卡洛斯"号帆船一次就带去8万把梳子。此外，纸牌、风筝、爆竹和礼花及其制作工艺也传到了拉美各地。秘鲁在节日活动时，会放"人造焰火"，"中国传统的龙的形象升腾在南美的天空"。秘鲁很多"家庭日用必需品和奢侈品充满东方情调"。[①] 在著名的墨西哥城大教堂瓜达卢佩圣母殿堂中的一些木雕，据说也是马尼拉帆船运去的中国工匠的作品。

在葡属巴西，除社会上层喜爱使用中国瓷外，中国建筑和社会习俗也受到了中华文明的影响。巴西建有仿中国式的亭台和塔式建筑物，有些房屋还采用了东方式的屋顶。有一座建于18世纪早期的教堂，至今仍保留着中国木雕画。[②] 19世纪初，中国茶树开始传入巴西。据史籍记载，1808年，迁居巴西的葡萄牙王室从澳门招收中国茶农去里约热内卢近郊种茶。1810年，几百名来自中国的茶农开始在里约热内卢植物园和圣克鲁斯帝国庄园

---

① 埃斯图亚多尔·努涅斯：《十六、十七世纪东方各国对秘鲁文化的影响及其表现形式》，载《中外关系译丛》第5辑，上海译文出版社，第298页。
② 周世秀：《澳门在中华文明远播拉美中的重要作用》，载《拉丁美洲研究》1999年第6期。

（Niteroi's Fazenda Imperial de Santa Cruz）种茶。1812 年，为了扩大茶树的种植，巴西又引进了 400 ～ 500 名中国男子，一方面解决劳动力问题，同时也依靠这些中国人的茶树种植技术。英国旅行家约翰·鲁考克（John Luccock）从 1808 年到 1818 年旅居巴西 10 年，他注意到，这些茶农来自中国内地，而非广东沿海。[①]由此，茶树种植在巴西圣保罗州和米纳斯吉拉斯州曾有过一定发展。据记载，到 1817 年，巴西种植的茶树已达 6000 株，并在里约热内卢市场上有大量茶叶销售。[②]圣保罗州至今还留有"茶谷""茶桥"等名称。清廷官员傅云龙在光绪十五年（1889）曾游历巴西，在他的游记中就有关于中国茶的记述，他写道："泰西语茶曰秭，厥音转自福建，而巴西语茶曰沙，据言传自湖北，时在嘉庆十七年（1812）。嗣是茶植彼土，而焙茶之工，专资湖北之民，今则华工凋谢，三年以前焙茶仅遗八人矣……初植茶，华工二十余司之。"[③]除巴西外，墨西哥、危地马拉、牙买加、阿根廷、秘鲁和巴拉圭等地也在 19 世纪引种过茶，但最后均未获成功。

除茶树外，通过马尼拉大帆船传入美洲的中国农作物还有柑橘、樱桃、杧果和罗望子等。

① Jeffery Lesser，"Neither Slave nor Free，Neither Black nor White：The Chinese in Early 19th Century Brazil，" in *Estudios Interdisciplinarios de America Latina y el Caribe*，Vol-umen 5，No.2，1994.

② Anyda Marchant. "Dom Joao's Botanical Garden." in *The Hispanic American Historical Review*，Vol. 41，No.2，1961，p.271.

③ 傅云龙：《游历巴西图径》及《游历巴西图径余记》，《实学丛书》第 15 册。

美洲白银源源流向中国

丝绸、瓷器等中国货一船又一船、一年又一年，络绎不绝运往美洲，美洲用什么作为交换，返回中国呢？西班牙殖民当局很快就意识到这个问题的严重性。当年菲律宾征服者莱加皮斯曾把希望寄托在本地的香料上，但希望很快落空。他于 1568 年、1569年两次上书西班牙国王说："此岛无法通过贸易来维持……应该认为菲岛没有什么价值，因为我们目前从岛上所能得到的有益的东西不过是肉桂。"[①]1573 年菲律宾省督又上书国王说，西班牙也好，墨西哥也好，所能输出到中国的货物，"没有一样不是中国所已经具备的"。[②] 为此，朝野上下惊呼："怎么办？"

大自然似乎为解决这个难题做了巧妙的安排，大洋彼岸发现了大批蕴藏丰富的银矿。1545 年上秘鲁（今玻利维亚）发现了所有银矿中藏量最丰的矿藏，1572—1610 年进入白银开采的高峰期。在墨西哥，16 世纪中叶不断有新的银矿发现，到 16 世纪 90 年代产量达到了高峰。[③] 16 世纪末，世界贵金属开采中约 83% 为西班牙所有。在秘鲁波托西银矿开采盛期，银子贱得像街上的石头一样。[④] 美洲银矿大量发现与开采之际，正是中拉之间的贸易走

---

① William Lytle Schurz, *The Manila Galleon*, New York, 1959, p.23.

② "Letter from the viceroy of New Spain to Felipe II", （Dec.1573）, in E. H. Blair and J. A. Robertson, eds., *The Philipine Islands*, 1493-1898.v.3, p.212.

③ D. A. Bradin and Harry E. Cross, "Colonial Silver Mining：Mexico and Peru", *HAHR*, 52/4（1972）, p.545 ～ 579.

④ Juan Grau y Monfalcon, "Informatory Memorial Addressed to the King" in E. H. Blair and J. A. Robertson, eds., *The Philipine Islands*, 1493—1898, v.27, p.153.

秘鲁波托西银矿

向高潮的时候。而中国自明中叶以后，普遍采用白银作为货币，代替宝钞流通，但苦于白银匮乏，远远不能满足需求。就在这个时候，美洲生产银子的相当大一部分，由大帆船运往马尼拉或经欧洲运往东亚，用来偿付购买中国和其他亚洲国家的各种货物。

因此，所谓马尼拉大帆船贸易，主要特征就是丝绸从中国源源流向美洲，而白银则从美洲源源流向中国。故而也被称之为"丝银贸易"。西班牙殖民者当然很不愿意看到宝贵的白银大量外流，曾对中国丝绸进口和白银出口多次下达禁限令，但最终割不断这条太平洋上丝绸之路的交流纽带。

通过马尼拉大帆船贸易等各种渠道，究竟有多少白银从美洲流入中国，尚无确切的统计。有人估计 1565—1820 年的两个半世纪间，自西属美洲运抵马尼拉的白银共约 4 亿比索。[①] 从马尼拉输入中国的白银，初时每年约 10 万比索；16 世纪末已超过 100 万比索。17 世纪每年约 200 万比索，18 世纪曾增达每年三四百万比索，但 19 世纪又下降至 150 万比索。全汉昇对美洲白银输入中国问题进行了专门的研究，他认为"根据上述中国商人每年把银子大量运回本国的记载，我们可以推知，在西班牙人到达菲岛的头两个世纪中，自美洲输入复输出共约二万万西元（比索）的银子，大部分都运到中国去了"。[②] 此外，从美洲输往欧洲的白银也通过不

---

① 严中平：《丝绸流向菲律宾白银流向中国》，载《近代史研究》1981 年第 1 期。
② 全汉昇：《明清间美洲白银输入中国》，载《中国经济史论丛》第 1 册，香港，新亚研究所，1972 年，第 445 页。

同渠道最后流入中国。贡德·弗兰克在《白银资本》一书中根据多种资料对流入中国的白银进行了总估算，他写道，所有"这些加起来，中国获得了大约 6 万吨白银，大概占世界有记录的白银产量（自 1600 年起为 12 万吨，自 1545 年起为 13.7 万吨）的一半"。[1]而按照保守的估算，"中国也占有了世界白银产量的四分之一到三分之一"。[2]美洲白银输入中国如此之多，以至一位西班牙海军上将惊叹"中国国王能利用来自秘鲁的银条修建一座宫殿"。[3]据17 世纪一位意大利旅行家记载，中国皇帝曾称呼西班牙国王为"白银之王"。[4]

白银的大量输入，对明代中国的社会经济产生了重大的影响。明代中叶，中国已使用纹银作为货币，开始代替传统的铜钱和纸币，但作为流通媒介并未取得应有的地位。其后美洲白银的大量涌入，加上明朝政府在税收中征收白银的政策，致使白银在大额交易和政府财政上起着纸币和铜钱无法取代的作用。[5]从海外流入的西班牙银铸币，时称"番银"，又叫"本洋"，为西班牙或墨西哥、秘鲁铸币厂铸造。西班牙一个银元，即"黄币崎"（Un Peso），相当于辅币 8 "料厘"（雷亚尔，real），约合中国库平银七钱二

---

[1] 弗兰克：《白银资本》，刘北成译，中央编译出版社，2000 年版第 208 页。

[2] 同上，第 210 页。

[3] Hieronimo de Banuelos y Crrillo, "Relation of the Filipinas Islands"（Mexico, 1638）, in E. H. Blair and J. A. Robertson, eds., *The Philipine Islands*, 1493—1898, v.29, p.71.

[4] William Lytle Schurz, *The Manila Galleon*, New York, 1959, p.63.

[5] 戴建兵：《西属美洲殖民地银元对中国货币的影响》，载《亚洲钱币》（新加坡）2000 年第 2 期。

泉州地区官桥、浮桥出土银币

1. 官·1,27.0 克　　2. 官·2,27.4 克　　3. 官·3,26.2 克　　4. 官·4,27.2 克　　5. 官·5,13.6 克
6. 浮·1,13.75 克　　7. 浮·2,27.8 克　　8. 浮·3,27.82 克　　9. 浮·4,27.0 克　　10. 浮·5,27.9 克

福建泉州出土的西班牙银币

分。西币规格统一，成色和重量比较一致，在中国市场上广为使用。美洲白银的输入还引起了中国银两在形制上的变化，由原来束腰形的银块变为船形，即俗称的"元宝"。19世纪初西属美洲独立后，又有大量墨西哥银元流入我国，俗称"鹰洋"，数额估计在5亿以上。中国对外贸易一般都采用西班牙银元支付和结算。从清中叶起，还仿效西币铸造洋式银币，逐渐取代了中国的传统货币，"在中国的货币文化上，引起了一次大革命"。①

白银的大量输入以及对美洲早期贸易的开展，还大大促进了我国东南沿海地区工商业的繁荣和发展。在江浙、福建和广东兴起了很多新的市镇。福建漳州的月港（后来的海澄）是丝银贸易的重要口岸，很快由一个小渔港发展成为沿海商业城市。王世懋《闽部疏》说："凡福之绸、丝，漳之纱、绢……无日不走分水岭，及浦城小关，下吴越如流水。其航大海而去者，大不可计。皆衣被天下。"讲的就是商人从江浙一带运湖丝至福州、漳州织成丝绸出口的繁华景象。广东澄海也迅速兴盛起来，成为"海隅一大都会"。②江苏吴江的盛泽镇是当时著名的丝绸交易中心，明末冯梦龙《醒世恒言》讲到了那里当时的盛况："市河两岸绸丝牙行，约有千百余家，远近村纺织成绸匹，俱到此上市。四方商贾来收买的，蜂攒蚁聚，挨挤不开。"美洲白银对明代社会的影响是明显的，正如英国学者阿特韦尔所说："晚明经济的增长、社会的变化乃至文化遗产，只有从白银大量流入中国的背景，

---

① 彭信威：《中国货币史》，上海人民出版社，1958年版第539页。
② 嘉庆补刊《澄海县志》第8卷，"埠市"条。

仿照墨西哥银元改制的中国银元

墨西哥鹰洋，背面为一顶自由软帽，
帽檐书有西班牙文"自由"字样

墨西哥鹰洋，正面为停立在仙人掌上的鹰

中国传统货币式样：束腰银铤

才能完全地理解。"[1] 然而，从拉丁美洲传入中国的，还有比白银更宝贵、更有价值的东西，那就是新世界的玉米、甘薯等农作物新品种。

---

[1] 威廉·S. 阿特韦尔：《国际白银的流动与中国经济（1530—1650）》，载《中国史研究动态》1988 年第 9 期。

第四章

美洲农作物的传入及其

对中国饮食文化的影响

　　随着海道大通，新大陆的很多农作物陆续传入中国，在中华大地上落地生根，开花结果。美洲作物的传入，对促进我国农业生产和丰富人民物质生活起到了重要作用。[①]

　　从美洲作物对中国饮食文化的影响看，大致可以分为三大类：（1）以玉米、甘薯为代表的食粮；（2）以西红柿、辣椒和花生为代表的蔬菜瓜果；（3）以烟草为代表的嗜好品。这些美洲作物对中国食物构成和文化习俗都产生了广泛而深刻的影响。在一定意义上甚至可以说，中国饮食文化的一些重要方面因此而发生了革命性的变化。

玉米、甘薯与中国粮食生产革命

　　美洲农作物中对中国饮食文化影响最大、意义最深远的，首推食粮类的玉米和甘薯。

---

① 参阅林被甸、刘婷：《美洲的农作物与中国的饮食文化》，见《通向现代世界的500年》，北京大学出版社，1994年版。

玉米是由印第安人培育而成的。考古发掘证明，今天的墨西哥和秘鲁是玉米的故乡。大约公元前 7000 年玉米已在墨西哥中部高原谷地得到培植，并逐渐育成适应于干旱高原和潮湿热带两类不同地区的多种品种。[①]玉米曾被认为是一切可种植的谷物中的"最好的一种"，[②]古印第安文化就是以玉米种植为基础发展起来的，被称之为"玉米文明"。哥伦布在古巴发现了这种"奇异的谷物"，把它带回欧洲，于是，玉米在全球迅速传播开来，成为世界三大谷物之一。

玛雅人收获季节储存玉米图（玛雅古抄本）

① 关于玉米起源参见 J. N. Leonard, *Ancient America*, New York 1967, pp.17～20；［美］阿图洛·瓦尔曼：《玉米与资本主义——一个实现了全球霸权的植物杂种的故事》，谷晓静译，华东师范大学出版社，2005 年版第 30～38 页。
② 恩格斯：《家庭、私有制和国家的起源》，见《马克思恩格斯选集》第 4 卷，人民出版社，第 19 页。

　　玉米，在我国古籍中有多种名称，如玉麦、御麦、玉蜀黍、玉高粱、番麦、苞谷、西天麦、西番麦等。由于名称繁多，极易同中国已有的谷类作物相混淆，增加了考察玉米在中国的传播情况的困难。有些不同说法亦由此而生。[①] 关于玉米何时传入中国，不同说法差别较大。一说玉米于 16 世纪早期经海路或陆路传入中国；[②] 一说根据西班牙和葡萄牙在美洲和东方建立殖民地的时间及其经营状况，玉米等粮食作物最早是在 16 世纪 50 年代，通过不同渠道、不同时间多次传入中国的。[③]

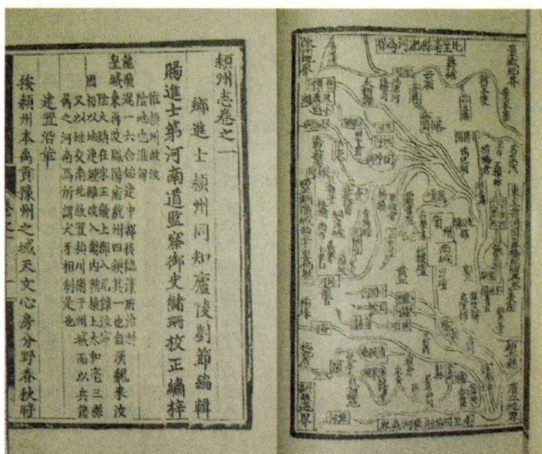

《正德颍州志》书影，为最早记载玉米文献之一

---

① 参见王毓瑚：《我国自古以来的重要农作物》，载《农业考古》1982 年第 1 期第 41 页。佟屏亚、赵国磐编：《玉米史话》，农业出版社，1988 年版第 65～66 页。

② ［美］尤金·N. 安德森（E.N. Anderson）：《中国食物》（*The Food China*），马樱、刘东译，江苏人民出版社，2003 年版第 115 页。［美］拉塞尔 - 伍德（A. J. R. Russell-Wood）：《五个世纪的交流和变化：葡萄牙人在全球范围内进行的植物传播》（*Exchanges and Changes over Five Centuries：Global Dissemination of Flora by Portuguese*），见黄邦和、萨那、林被甸主编《通向现代世界的 500 年》，北京大学出版社，1994 年版第 291 页。

③ 罗荣渠：《美洲史论》，中国社会科学出版社，1997 年版第 357 页。

据查，16 世纪 50 年代，中国古籍上开始有了关于玉米的确切记载。对玉米最先做出翔实叙述的，则是 1560 年（明嘉靖三十九年）赵时春撰写的甘肃《平凉府志》："番麦，一名西天麦，苗叶如蜀秫而肥短，末有穗如稻而非实。实如塔，如桐子大，生节间，花垂红绒在塔末，长五六寸。三月种，八月收。"这是已见到的我国关于描述玉米形态和生长的最早记载。但是，这种作物在开始时并没有被广泛种植，李时珍所修的《本草纲目》（1578）中称"玉蜀黍，种出西土，种者亦罕"，徐光启的《农政全书》（1625—1628 年撰成）的正文中没有提及玉米亦是证明。由于稀少，玉米最初仅作为孩童果品或待客珍品。明代小说《金瓶梅词话》里曾多次提到用玉米面精制成的食品。第三十一回里有"一盘子烧鹅肉，一碟玉米面玫瑰果馅蒸饼儿"的记载，第三十五回叙述西门庆翡翠轩宴客时，又有"两大盘玉米面鹅油蒸饼儿"。[①] 说明玉米那时还是比较稀罕的待客食品。

到清乾嘉年间，玉米得到迅速传播，开始大面积种植。据安徽《霍山县志》记载，在 18 世纪 30 年代，玉米只在"菜圃偶种一二，以娱孩稚"，而在 40 年后，"延山漫谷，西南三百里，皆持此为终岁之粮矣"。经过 200 多年的发展，到鸦片战争前，玉米在我国大部分地区广为引种，种植面积占全国粮田总面积的 1/6 左右，仅次于稻麦而居杂粮之首，成了我国人民的主粮之一。

甘薯，原产于南美安第斯地区，也是印第安人培育的一种古

---

① 《新刻金瓶梅词话》，明万历年间刊本，第三十一、三十五回。

老作物，[①] 在哥伦布到达时，中、南美洲和大、小安的烈斯群岛都已有大面积栽培。甘薯传入我国晚于玉米，古称金薯、朱薯和玉枕薯，后各地又有不同名称，如红薯、红苕、山芋、地瓜、甘薯、白薯、番薯等。

甘薯经海陆两路传入中国，其中从海上引入的路线记载明确，有书可查。明万历十年（1582），广东东莞人陈益从安南（越南）带薯种在家乡试种成功。[②] 引种福建的时间约为明万历二十一年（1593），有关记载见于清初周亮工《闽小记》。文中说，当时闽人到吕宋（菲律宾）经商，看到那里"被山连野"都种着甘薯，便"截其蔓咫许，挟小盒以来"，遂在漳州、泉州、莆刚、长乐、福清得到种植。[③]清乾隆年间闽人陈世元还写过一本《金薯传习录》，记述了他一家几代引进和推广甘薯的经过。福建、广东是我国甘薯的主要传播中心，甘薯是由东南沿海一带逐步向西向北而传播到全国各地的。

在甘薯向北方推进过程中，我国著名农学家徐光启总结农民实践经验，提出"窖藏法"，解决适应寒冷气候在北方推广的问题。到18世纪中叶，特别是经乾隆皇帝亲自谕令提倡种植，这种作物在我国东南、华中和华北等地得到迅速传播，成为我国最重要的救荒粮和辅助食物之一。

可用作粮食的美洲作物，还应提及一下马铃薯。马铃薯也叫

---

① 20世纪60年代末，在秘鲁智尔卡峡谷的洞穴里发现甘薯块根遗物，经鉴定已有八千至一万年的历史。
② 《东莞县志·物产》，台北，1968年影印本。
③ 《小方壶斋舆地丛钞》第九帙。

洋芋、土豆，原产于南美安第斯高原。据西方史料记载，马铃薯在 16 世纪末 17 世纪初由荷兰人传入日本，17 世纪中叶又被中国台湾引进。18 世纪撰写的《台湾府志》，对这种作物故有"荷兰豆"之称。马铃薯被引入大陆后，变成繁衍于高寒地区的一种常见的度荒粮。因其味淡，开始并没有受到重视，作为辅助食物所引起的作用远不如在欧洲那样巨大。

谷类食粮是我国人民食物的主体。美洲玉米、甘薯的传入对我国粮食生产发生了重大的影响。有的学者认为，近千年来，我国粮食生产史上曾经有过两个长期的"革命"。第一个革命开始于北宋年间，其重要标志是较耐旱、较早熟的占城稻在江淮以南逐步传播，从而大大增加了全国稻米的生产。16 世纪开始，进入中国境内的美洲玉米和甘薯以其自身的多种优势，广泛扩展耕作空间，造成了又一次革命，即当密集的灌溉农业的增长达到了它的自然临界点，非灌溉的土地尤其是僻远地区土地的开发开启了"新的农业疆土"。于是，他们认为，可以把玉米、甘薯带来的这个新变革，称之为中国历史上的"第二个粮食生产革命"或"第二次农业革命"。①

美洲玉米、甘薯对我国粮食生产和人民饮食生活所产生的革命性深刻影响，主要表现在以下几个方面：

第一，为我国提供了粮食生产的新品种，改变了我国人民的

---

① 何炳棣：《美洲作物的引进、传播及其对中国粮食生产的影响》，见《大公报在港复刊三十周年纪念文集》下册，香港，1978 年版第 724 页。[美] 阿图洛·瓦尔曼：《玉米与资本主义——一个实现了全球霸权的植物杂种的故事》，谷晓静译，华东师范大学出版社，2005 年版第 46 ~ 53 页。

食物构成。

几千年来，中华民族子孙赖以生存的是被称为"五谷"的水稻、小麦、谷子、高粱、大豆以及其他杂粮。自从 16 世纪玉米、甘薯来到神州大地，这些远方来客即以惊人的适应性在我国南北各地安家落户。在条件比较适宜的北方，玉米因其高产被广泛种植，使古来看作是五谷之长的黍稷"黯然失色"，[①] 在很大程度上替代了传统的谷子、高粱的位置，甚至夺得了部分小麦的播种面积。陕、川、鄂三省交界的广大丘陵山地，是我国旱粮作物的重要产区，原以生产谷子为大宗，到 19 世纪初，玉米异军突起，取代了谷子的地位，"遍山漫谷皆包谷矣"。[②] 到 1846 年，包世臣著的《齐民四术》里，玉米已与五谷并列，上升到"六谷"的地位。近人高润生《尔雅·谷名考》（1915）上讲到玉米时说"今北方农家皆磨面以为常食"。玉米后来居上，成为人民"持此为终岁之粮"的重要食粮了。

在南方，甘薯的广泛种植则替代了土生的山药和其他薯类。江西《玉山县志》记载："大抵山之阳宜于苞粟，山之阴宜于番薯。"1629 年《太仓州志》有一段甘薯如何取代当地山药的记述："案州中山药，为世美味，以东土沙碛匀润，地方使然。然岁获无多。如去年奇荒，则种人先流蘖，徒见抱蔓。何不取红山药（即甘薯）种，家家艺之，则水旱有恃。"明代的《本草纲目》《农

---

① 王毓瑚：《我国自古以来的重要农作物》，载《农业考古》1982 年第 1 期第 45 页。

② （清）严如煜：《三省边防备览》卷九《山货》。

政全书》《群芳谱》均把甘薯列入菜部和蔬部，而嘉庆以后的《本草纲目拾遗》则把甘薯列入"谷之属"了。从蔬菜到粮食这个列目的变化也可以看出甘薯在人民饮食生活中日趋重要。

通常有"北人食麦，南人食稻"之说，其实这个说法并不确切。正如近人徐珂在《可言》（1924）一书中所说："南人食稻，北人食麦，夫人而知之，然皆就中人以上之家言之。人之常食品，南为薯芋，北为玉蜀黍，南之佐以豆，北之佐以黍、稷者，则仅见。"说明在美洲作物传入后，我国南北人民的食物构成发生了不小的变化，以占人口绝大多数的劳动者来说，他们在很大程度上已依靠玉米和番薯为生了。

第二，部分地改变了中国粮食生产的布局，促进了粮食生产总量的巨大增长。

玉米、甘薯都是比较耐旱的高产作物，因此，这两种作物的推广对当时粮食生产的发展具有很大的意义。玉米的广泛种植，使云、贵、川、陕、两湖等省的荒山丘陵得到垦殖，广袤无垠的东北原野在放垦后也成了玉米的重要产区；而甘薯的推广，使山东、江苏和东南沿海各省滨海沙地得到利用，从而促进了全国土地的开发，大大增加了耕地面积。李文治的《中国近代农业史资料》记载，从顺治十八年至乾隆三十一年（1661—1766）的100多年间，云南省耕地面积从5.2115万顷增加到9.2537万顷，贵州省从1.071万顷增加到2.6731万顷，四川省从1.1884万顷增加到4.6071万顷。宋元以来流传的"苏杭熟，天下足"。到明末清代前期变成为"湖广熟，天下足"；这种粮食生产地区格局的变动，固然与湖南洞庭湖区、四川盆地和长江中游中原的开发从而促进稻田的发展有很大关系，但来自美洲的新作物玉米和甘薯的传播，也是一个不可忽视的因素。玉米和甘薯同时还是优良的高产作物，种植甘薯"亩可得数千斤，胜种五谷几倍"，[①] 种植玉米"种一收千，其利甚大"。[②]

美洲作物的传播，是否带来了全球性的人口增长？阿尔弗雷德·W.克罗斯比对此做了肯定的回答，他认为1492年以来世界人口的增长是哥伦布登上新大陆的一个"生物效应"。[③]1600—1700年，中国人口为1.5亿左右，18世纪时出现人口爆炸，到1800年时增到3.2亿，1900年达到4.5亿。美洲耐旱高产作物玉米、甘薯的引进，对于这一时期中国人口的快速增长，不能不说是一个重要因素。

第三，对我国人民救灾度荒起到了重要的作用。

长期以来，玉米、甘薯成了我国艰难生活在封建小农经济社会里广大劳动群众抗灾度荒的宝贵食粮。实际上这两种作物的传播和推广，是同抗灾度荒紧密联系着的。甘薯最初在福建推广就是因为闹灾荒。据记载，万历二十三年（1795）福建发生饥荒，巡抚金学曾"筹备荒策"，陈振龙（曾由吕宋引种甘薯入闽）的儿子经纶"上其种与法，因饬所属如法受种"，"秋收大获，远近食裕，荒不为害"。陈世元：《金薯传习录》上卷，乾隆三十三年刻本，第6～7页。后来又经其后裔大力推广，传播栽培技术，

---

① （清）陆耀：《甘薯录》，乾隆四十一年（1776）刻本。
② （清）严如熤：《三省边防备览·山货》。
③ Alfred W. Crosby, *The Columbian exchange: Biological and cultural consequences of 1492*, Westport, 1972, pp.165～207.

使甘薯扩种到浙江、山东、河南等省，遍及长江、黄淮流域。为了纪念首先在福建等地引种甘薯的功绩，在福州乌山上建有先薯祠，供奉着陈氏三代和金学曾的塑像。周亮工在他的《闽小记》中也说到，甘薯"初入闽时，值闽饥，得是而人足一岁"。1765年朝鲜派人去日本引进甘薯，曾有诗一首，颂扬甘薯的救灾功能，前两句曰："万历番茄（即甘薯）始入闽，如今天下少饥人。"徐光启写作的《农政全书》，对于这一新引进的高产作物极为重视，他列举的"甘薯十三胜"中，就有"风雨不能侵损""凶岁不能灾""虫蝗无所奈何"这些抗灾优点。明末何乔远的《闽书》（作于1600年前后）中曾讲到，由于甘薯的广泛种植，在泉州其"斤不值一钱，二斤而可饱矣。于是耄耋童孺行道粥乞之人皆可以食"。

玉米同样也是优良的抗灾作物。玉米不但高产易种，而且青熟皆可食，玉米故乡就有"印加人从不知什么叫饥荒"之说，[①] 同时，比起甘薯来，玉米具有更强的耐旱能力，这就使它特别在我国干旱的北方地区更加受到农民的欢迎。"岁视此为丰歉。此丰，稻不丰，也无损。价视米贱而耐食，食之又省便，富人所唾弃，农家之性命也"。[②]

第四，粮食产量的增加为我国饮食文化的进一步发展和繁荣提供了物质基础。

人们只有先解决吃饭问题，才有可能去从事其他物质生产活动，饮食文化也才得以全面发展和繁荣。玉米、甘薯的高产，

---

① 皮埃尔·加马拉：《哥伦布传奇的一生》，三联书店，1992年版第111页。
② 《遵义府志》卷一七。

不仅使它们在粮食生产中的地位日趋重要，也为种植烟草、棉花、花生、茶树等经济作物提供了更广阔的土地。不少地区把稻田改种经济作物，从而促成农业生产的地区分工，出现不少经济作物专业种植区。经济作物的发展为饮食生活提供了多种多样的物质资源。就玉米、甘薯本身来讲，它的用途也很广泛。可做粮食，可作饲料，又可供作手工业的原料。当时以玉米和甘薯酿酒、养猪，是我国农家极为普遍的现象。据记载，川陕鄂三省边界地区，"山中多包谷之家，取包谷煮酒，其糟喂猪。一户中喂猪十余口，卖之客贩，或赶赴市集。……猪至市集，盈千累万，船运至襄阳、汉口售之，亦山中之大贸易，与平坝之烟草、姜黄、药材同等济日用"。[①] 粮食富余了，经济活动和饮食生活就自然丰富起来。

美洲蔬果与中国的烹调

从美洲传入我国的作物，除粮食作物外，还有品种繁多的蔬菜瓜果。新大陆地域辽阔，地理条件和气候多样，所以瓜果蔬菜的品种十分丰富，如花生、向日葵、西红柿、辣椒、南瓜、菜豆、菠萝、番荔枝、番石榴、番木瓜、可可等，都是中国和旧大陆其他地区所不曾有过的。中国古籍上对它们的记载，比起玉米、甘薯来就更为缺少，因而也更鲜为人知。但从那些零碎的记述中可以看出，美洲瓜果蔬菜也是在 16 世纪中叶以后在不同的时间里，

---

① （清）严如熤：《三省边防备览·山货》。

通过不同渠道传入，并融入中国人民的饮食文化之中。

民以食为天，食以味为先。玉米、甘薯的传入，主要是为了满足人们的食用要求和维持生命的需要，而众多蔬菜瓜果的传入以及随之带来加工烹调的变化，其意义已从单纯的维持生命需要发展到满足享受的需要。前者是解决"吃什么""如何吃得饱"，后者是关系"怎样吃""如何吃得好"。因此，新菜蔬瓜果品种的传入，也对中国传统饮食文化，特别是烹饪文化产生了影响。

首先，为我国提供了优质食用油和食品的资源，这就是花生和向日葵的传入和应用。

花生，又名落花生、番豆、长生果、无花果等。两千多年前由南美印第安人所栽培。我国考古发掘曾多次声称发现早至 4000 年前的炭化花生籽粒，但尚无最后的明确结论。然而，有据可考的文献记载表明，我国现今广为种植的花生来自美洲，而且是于 16 世纪早期由葡萄牙人从海路传入的。[①] 因花生是地内结果实，中国文献中最早是把花生归为芋类，称之为"香芋"。[②] 花生可直接食用，是一种深受人们喜爱的小食品，将它用于榨油却是比较晚的事。《天工开物》的"膏液"卷里列举了当时多种植物油名称，也没有花生油的记载。直到清代赵学敏的《本草纲目拾遗》（1765），才第一次出现"花生油"的名称。书中写道："长生

---

① ［墨］阿图洛·瓦尔曼：《玉米与资本主义——一个实现了全球霸权的植物杂种的故事》，谷晓静译，华东师范大学出版社，2005 年版第 42 页。美国学者拉塞尔伍德认为"花生起源于巴西，于 16 世纪早期从海上传入中国"，参见《通向现代世界的 500 年》，北京大学出版社，1994 年版第 294 页。
② 黄省曾：《种芋法》。王世懋《学圃杂疏》，参见王毓瑚《我国自古以来的重要农作物》，载《农业考古》1982 年第 1 期第 43 页。

果产闽地，花落土中即生，从古无此。""康熙初年，僧应元往
扶桑觅种寄回，亦可压油。"这里由应元从日本引进的花生可能
与明末传入的在品种上有不同，但却说明花生可以榨油的功能在
那时已被发现。花生的种植一直局限于南方，可能就是由于较晚
发现它可以用于榨油的缘故。一旦用于榨油，就迅速传播，在北
方也广为种植了。

向日葵，起源于北美洲，公元前 3000 年左右，在美国的亚利
桑那州和新墨西哥州就已有人工栽培。[①]1621 年，明代王象晋的《群
芳谱》中记载的"大菊""西番菊"和"迎阳花"均指这种作物。
1639 年文震亨的《长物志》才首次使用"向日葵"这个名字。以
后又有关于向日葵栽培、榨油、药用等记载。但是，在很长的一
段时期内，它只是被零星种植，作为一种观赏植物和一种提供干
果的作物。《花镜》一书中说它"结子最繁……只堪备员，无大
意味"，《植物名实图考》（清·吴其濬）也仅说"其子可炒食，
微香"，只是到了 21 世纪初何德刚写的《抚郡农产考略》（1903）
中，才有"子可榨油"的记载。

油脂在人的饮食中占有很重要的地位，花生和葵花子提供了
宝贵的油料作物资源。花生和向日葵对土壤要求并不苛刻，在我
国的丘陵沙土地区都可以广泛种植。

第二，由美洲传入的辣椒，作为调味品，在我国的烹饪中起
着特殊的作用。

辣椒，又名番椒、秦椒、辣茄、胡辣苏。辣椒有不同的品种，

①　《中国农业百科全书·农作物卷》，农业出版社，1991 年版第 592 页。

灌木和草本的辣椒都原产于中美洲，①是印第安人的家常菜蔬，在美洲广为种植。辣椒明代传入中国，最早记载见于明代高濂撰《遵生八笺》（1591），书中对辣椒的生长、形状、色泽、特性等进行了描述，并强调了它的观赏性。②1688年陈淏子所撰《花镜》对辣椒记载翔实，其中有："番椒……丛生白花，深秋结子，俨如秃笔头倒垂，初绿后红，悬经可观，其味最辣。人多采用研极细，冬月以代胡椒。"③说明辣椒刚引进时主要供观赏之用，后来由花作蔬，又由蔬进而当作调味品。辣椒传入中国的途径说法不一，一说经丝绸之路，在甘肃、陕西等地栽培；一说通过海路，由澳门经两广山区，传入湖南、贵州得到广泛栽培，尔后再传入四川、云南等地。④据《台湾府志》（1746）记载，其"种出荷兰，绿实尖长，熟时朱红夺目，中有子，辛辣，内地名番椒。更有一个结实而微尖，出咬留巴（欧洲译音），内地所无也"。说明有些品种的辣椒是由荷兰传入台湾，然后再传入大陆的。

辣椒传入中国后，以它的特殊魅力风靡全国，竟有一半以上的人口被它所"征服"。尤其是川、滇、黔、湘、陕等地，包括那里的少数民族僮、瑶、彝、土家，都非常喜爱吃辣椒。辣椒本身是一种营养丰富的菜蔬，然而，辣椒的影响可能主要还在于它

① ［美］拉塞尔-伍德：《五个世纪的交流和变化：葡萄牙人在全球范围内进行的植物传播》，见《通向现代世界的500年》，北京大学出版社，1994年版第291页。
② （明）高濂：《遵生八笺》，见北京图书馆藏书《四库全书》子部。
③ （清）陈淏子：《花镜》，伊钦恒校注，农业出版社，1979年修订本。
④ ［美］尤金·N.安德森：《中国食物》，马樱、刘东译，江苏人民出版社，2003年版第127页。

所具有的特殊调味功能而深受人们的喜爱。因此，有的学者评述道，自蒸馏法发明以来，对旧大陆烹调的影响，莫过于辣椒。^①中国烹调素以讲究色、香、味而著称，一身兼备色、香、味的辣椒就成了极好的佐料和食物。这里一个值得研究的问题是，辣椒的传入和采用，与中国地方菜系的形成有何关系。中国鲁、川、苏、粤四大地方菜系形成于何时，至今没有定论。20世纪以前我国最具有代表性的食谱，是清代文人和美食家袁枚撰写的《随园食单》，其中虽偶有谈及某菜系扬州人、镇江人、绍兴人或江西人之菜，而没有谈到鲁菜、粤菜、苏菜（或扬菜）等地方菜。该书写成于乾隆五十七年（1792）。有的学者据此认为现今流行的地方菜流派在乾隆年间尚未形成。^②《清稗类钞》一书在记述清末之饮食状况，则明确提出了四大菜系的特色，称："各处食性之不同——食品之有专嗜者，食性不同，由于习尚也。则北人嗜葱蒜、滇黔湘蜀人嗜辛辣品，粤人嗜淡食，苏人嗜糖。"在分析各地菜系特色时，更具体讲到"湘鄂人饮食——喜辛辣品，虽食前方丈，珍错满前，无椒芥不下箸也，汤则多有之"。这里，作者显然把辣作为四大菜系之一川菜的一个重要特色。^③我国现代学者也很重视辣椒在中国烹饪技术发展中的作用，认为辣椒"使川、滇、黔、湘、陕等地的烹饪，发生了划时代的变化"。^④"百菜百辣，百辣百味"，

① ［美］尤金·N.安德森：《中国食物》，马樱、刘东译，江苏人民出版社，2003年版第126～127页。

② ［美］杨文骐：《中国饮食文化和食品工业发展简史》，第112页。

③ 引文见徐珂编撰《清稗类钞》第47册。川菜菜系应包括以四川为中心扩展至长江上中游、两湖、云贵一带广大地区。

④ 《中国烹饪》编辑部：《烹饪理论》，中国商业出版社，1987年版第49页。

确系川菜的一大特色。

尽管如此，笔者认为地方菜系的形成是我国烹饪技术长期发展的结果，它是由各地物产、饮食习俗等多种因素促成的。我们不能孤立地来讲辣椒的作用。但是，可以肯定，美洲辣椒传入中国后，很快与中国烹饪结下了不解之缘，起着调味、增香、添色的独到作用，而川菜菜系确因善用辣椒调味而成为体现其风味特色的重要因素。目前所见到的反映川菜历史的最早的专门著作是清代乾隆年间李化楠撰写的《醒园录》。书中所记基本上都是收集各地较为通行的简单方法，完全显示不出后来川菜的特点，全书记载所用原料中也未见到辣椒的影子。虽然我们尚不清楚辣椒何时传入四川，可是清代末年写成并出版的傅崇榘的《成都通览》一书，所记的川菜的重要佐料辣椒就有十几个品种，如朱红椒、牛角椒、七星椒，灯笼椒、大红袍、满天星等，而所记成都各种菜肴与风味小吃计达 1328 种之多。从本书所列举菜肴的丰富品种和特色，有的学者认为，到清代末年川菜菜系才基本形成。[①]这显然也考虑了辣椒这个因素所起的作用。

第三，增加了我国菜蔬和果品的品种，丰富了饮食生活。

明代以前我国传统蔬菜分为五大类，随着外来品种的不断引进，就增加到了十二个类别。[②]其中不少品种就来自美洲。除以上已提及的外，较有影响的还有：

番茄 又名西红柿、番柿。起源于南美安第斯山地带，在

---

① 袁庭栋：《巴蜀文化》，辽宁教育出版社，第 334 页。
② 《中国烹饪》编辑部：《烹饪理论》，中国商业出版社，1987 年版第 49 页。

秘鲁、厄瓜多尔、玻利维亚等地至今仍有大面积野生种的分布。明万历年间传入我国，开始栽培并不普遍。它既可做蔬菜又可做水果，既可生吃又可熟食，加工成的番茄酱、番茄汁更是烹调佳品。

南瓜、菜豆 南瓜有三个种类：中国南瓜、笋瓜（又称印度南瓜）、西葫芦（又称美洲南瓜）。菜豆，又名四季豆、芸豆，均起源于美洲。[①] 当年这些古代印第安人的基本食品，皆成为我国城乡人民的日常菜蔬。此外，来自美洲的木薯和豆薯，在我国各地也多有种植。

菠萝、鳄梨、腰果 皆为南美热带果品。菠萝，又名凤梨、黄梨，16 世纪末由葡萄牙人经澳门传入我国。其他美洲热带果品还有鳄梨、腰果、番石榴、美洲葡萄、美洲李、人心果等。

可可 原产于中美洲和南美亚马孙河上游热带雨林，1922 年引进台湾。

烟草与中国的烟文化

最后要谈及的一种美洲作物是作为嗜好品传播于世的，它最先风靡西方世界，却在中国酝酿出极具东方特色的文化，这就是烟草。

---

① ［美］西尔瓦纳斯·G. 莫莱：《全景玛雅》，文静、刘平平译，国际文化出版公司，2003 年版第 120 页。［美］拉塞尔 - 伍德：《五个世纪的交流和变化：葡萄牙人在全球范围内进行的植物传播》，见《通向现代世界的 500 年》，北京大学出版社，1994 年版第 286 页。

烟草起源于中美洲（粗尼古丁）和安第斯山区（棕色尼古丁）。[①] 在美洲，吸烟最初与宗教仪式有关，墨西哥南部恰帕斯州帕伦克（Palenque）的金字塔神殿里，有一幅玛雅祭司以管吸烟的石刻浮雕，这可能是世界上保存下来的最古老的吸烟图。[②] 该神殿建于公元 432 年，说明印第安人至少已有 1500 年吸烟的历史。加勒比地区的阿拉瓦克人还常常用一种叫 tabago 的管子吸烟，烟草的英文名 tobacco（汉语音译淡巴菰）即由此而来。[③]

我国最早引种烟草的地方，史籍中不乏记载。明末姚旅的《露书》中说，"吕宋国出一草，曰淡巴菰……有人携漳州种之，今反多于吕宋，载入其国售之"。[④] 这是有关中国引种烟草最有影响的记载，该书大约成于 1611 年。明代名医张介宾也云："此物自古未闻也，近自我明万历时始出于闽广之间，自后吴楚间皆种植之矣"。[⑤] 一般认为传入的时间是在明朝万历年间（1573—1620），由于从海路进入，广东、福建为我国最早引种烟草的地区。

烟草最初传入中国时，人们注重它防病治病的功能，[⑥] 这同中国传统的灸法和熏疗自然融合。很多史籍记载都提及烟草可"辟

① 《通向现代世界的 500 年》，第 295 页。
② Claude-Francois Baudez, *Les Mayas*, Editions Gallimard 1984, p.124.
③ 埃里克·威廉斯：《特立尼达和多巴哥人民史》，吉林人民出版社，1973 年版第 14 页。
④ （明）姚旅：《露书·错篇》，见谢国桢《明代社会经济史料选编》上册，福建人民出版社，1980 年版第 66 页。
⑤ （明）张介宾：《景岳全书》卷四八。
⑥ 作为药用传入中国的美洲植物还有金鸡纳树（奎宁），1692 年康熙皇帝患疟疾，法国传教士献奎宁治病，此药引起重视，后被引进中国。

玛雅石雕上的祭司吸烟图，这可能是世界上最早的吸烟记录

瘴""祛寒",甚至有"疗百疾"之功。姚旅所撰的《露书》说,淡巴菰"一名曰醺。以火烧一头,以一头向口,烟气从管中入喉,能令人醉,亦辟瘴气……捣汁可毒头虱"。[①]另据记载,明末北方兵民得"寒疾,非此不治",不得不以一匹马来换取一斤烟。[②]由于烟草有治病功能,明末清初的中医中药典籍将它归为药物本草,正式列入中草药。然而,烟草在中国同样也主要是作为嗜好品而产生广泛影响的,人们乐此不疲,终渐渐酿成社会风气。开始时,烟草确曾受到中国朝廷的抵制。崇祯、清太宗乃至康熙、乾隆均颁布过禁烟令,但屡禁不止。从17世纪末到18世纪初的几十年里,全国从南到北大部分地区都有种植,于是,"上至公卿士大夫,下逮舆隶妇女,无不嗜烟草者"。[③]各种烟制品相继出现,旱烟、水烟、斗丝烟、鼻烟、嚼烟等,应有尽有,吸烟方式也不断有所创新。

一个值得注意的现象是,烟草进入中国后完全摆脱了古印第安人时期的那种神秘主义色彩和宗教氛围,而成为世俗社交生活的重要形式。同传入西方后演变为一种单纯的嗜好品的趋向相比,中国烟文化又表现了重礼仪、讲友情这一华夏民族所固有的传统色彩。烟草很快成为与茶、酒同等重要的待客必备之物,无论在上层社会或下层民众中间,都广为流行。清代的烟具也具有较高

① (明)姚旅:《露书·错篇》,见谢国桢《明代社会经济史料选编》上册,福建人民出版社,1980年版第66页。
② 王肱:《忧蜤庵琐语》。
③ (清)王士禛:《香祖笔记》卷三,见谢国桢《明代社会经济史料选编》上册,福建人民出版社,1980年版第68页。

的艺术价值，如水烟袋、烟筒、烟盒、烟荷包和鼻烟壶等，其中鼻烟壶发展成一种奇特的手工艺品，在我国竟创造出一种称为"内画"的独特艺术。美洲烟草所酿成的文化现象，深深地融入了中国传统文化和民族习俗之中。

第五章 『苦力贸易』和华工、华侨对拉丁美洲开发的贡献

　　进入 19 世纪之后，"海上丝绸之路"变成了"苦力贸易之路"，中国与拉丁美洲的历史联系进一步打上了殖民主义的深刻印记。

　　从 19 世纪初开始，拉美和中国的国情及外部形势，都发生了重大变化。在拉丁美洲，西属殖民地和葡萄牙、巴西先后摆脱了殖民统治，获得了独立。1813 年阿卡普尔科港毁于战火，随后西班牙国王下令停止墨西哥与东方的贸易。1815 年，最后一艘马尼拉大帆船"麦哲伦"号返航马尼拉，中拉早期贸易由此结束。西、葡殖民统治垮台后，英、法以及后来的美国先后乘虚而入，拉丁美洲处于西方资本主义势力的控制之下。

　　在中国，天朝的门户被西方的炮火打开，开始沦为国际资本掠夺的对象。在太平洋上，美国新式汽轮取代了陈旧的马尼拉帆船，美国船只不再需要经过菲律宾，而是直接航行抵达中国东南沿海口岸，从而成为美洲与亚洲之间贸易的主要转运者。太平洋、印度洋和大西洋都成了国际新兴工业资本主义竞争的天地。

　　因此，19 世纪世界贸易的发展和远洋轮船的使用，并没有加强中国和拉美之间经济与文化正常交往，反而把太平洋上的丝绸之路变成了贩运契约华工的"苦力贸易"之路。

在 19 世纪以前，黑人奴隶贸易盛行于美洲与非洲之间，给殖民者带来了巨大的财富。19 世纪初，拉美新独立国家先后宣布废除奴隶制，拉美的种植园主、矿场主以及外国资本家不得不另找廉价劳动力来源。于是，西方殖民者乘鸦片战争打开中国大门之机，大肆掠夺华工到拉丁美洲接替黑人奴隶或与黑奴并用。应当

苦力船上遭吊打的契约华工

指出，西方殖民者掠卖华工，不是在鸦片战争之后才开始的，而早在16—17世纪葡萄牙、西班牙和荷兰殖民者东来时就开始了。但是大规模掠卖华工还是鸦片战争以后的事。这并不是偶然的。鸦片战争后中国门户洞开，而且在外国资本侵入下中国封建经济的解体造成人口过剩，为大规模掠卖人口提供了可能性。西方殖民者称贩卖华人劳工为"苦力贸易"，因其在掠卖出国前订有书面合同，所以又称"契约华工"。这些华工成为大批来到拉丁美洲的早期华侨。

契约华工在拉美的登陆及其分布

19世纪初，关于中国劳工移入拉丁美洲作为苦力已有确切的具体记录。1806年，英国东印度公司在广州招募华工，第一批147人，第二批192人，先后抵达英属特立尼达，都被分派在甘蔗种植园做苦工。[①]前文已经提及19世纪初葡萄牙殖民者从中国招募茶农到里约热内卢种茶。但是，中国劳工大规模移入拉丁美洲则发生在1840年鸦片战争之后。1847年（清道光二十七年）6月3日，西班牙殖民当局通过英商朱利塔公司的"奥奎多"号，装载从厦门出海的212名华工（6名在途中死亡）抵达哈瓦那。它标志着中拉关系史上为时近30年之久的所谓"苦力贸易时代"

---

① Walton look lai，*The Chinese in West Indies*，1806- 1995：*A Documentary History*，Kingston，The Press University of West Indies，1998；陈翰笙主编《华工出国史料汇编》第4辑，中华书局，1981年版第500～505页。

的开始。[①]

从 1847 年以后，契约华工源源不断运往拉丁美洲，古巴和秘鲁成为华工最集中的地区。这是由于古巴和秘鲁都有从东方进口劳工的迫切需求。拉美独立革命风暴过后，古巴仍处于西班牙统治之下，维持着野蛮的奴隶制度。曾是世界蔗糖主要产地的海地，在革命中蔗糖生产遭到严重破坏，古巴蔗糖生产乘机扩大。由于西班牙于 1845 年通过法令也禁止奴隶贸易，蔗糖业所需要补充的大批量劳动力，就只有依靠从东方进口劳工。于是从 1847 年开始，契约华工源源不断地运进古巴。据 19 世纪曾出任中国驻古巴总领事的谭乾初的调查统计，1847 年以及从 1853 年至 1874 年为时共 22 年期间，在古巴登岸的来自厦门、澳门、香港、汕头、黄埔的契约华工达 126008 名（运输途中因溺水、病故、逃亡、自杀等原因而死亡的 17032 名除外）。[②] 谭乾初的统计数字系从英总领事署册部抄出，和古巴《玛丽娜日报》当年报道中公布的从 1847 年至 1859 年 9 月运往古巴的华工数据[③] 相同，可以认为是基本可信的。

秘鲁在 19 世纪初取得独立，但秘鲁的贸易一直为英国的银行家和大商人所控制。英国对工业原料日益增长的需求，刺激了秘

---

① 如欲较详细了解拉美华工问题，拉美地区的最新研究可参阅 Diego L. "Chou. Los chinos en hispanoamerica"，*Cunderno de Ciencias Sociales*，124，Sede Academica，Costa Rica，FLACSO，san jose. 2002.

② 谭乾初：《古巴杂记》。该书附有作者从英领事署册部抄出华工去古巴人数统计表，见陈翰笙主编《华工出国史料汇编》第 6 辑，中华书局，1984 年版第 105～106 页。

③ 杜冯·克拉夫·科比特：《1847—1874 年古巴华工研究》，见陈翰笙主编《华工出国史料汇编》第 6 辑，中华书局，1984 年版第 175～176 页。

鲁鸟粪开采业和甘蔗、棉花种植园经济的发展，从而造成了秘鲁的劳动力危机。秘鲁政府于 1849 年公布所谓"华人法"，奖励输入华工。同年 10 月，一艘从厦门起航载有 75 名华工的贩奴船首次抵达秘鲁的卡亚俄港。从 1849 到 1875 年，运至秘鲁的华工约 10 万人，其数量之多，仅次于古巴。据 1889 年曾奉命考察秘鲁华工情况的傅云龙统计，"华工之侨秘鲁，自道光十八年（应为道光二十八年，即 1848 年）始，计至光绪年间，无虑十一万有奇"。①

除古巴和秘鲁外，英属圭亚那、西印度群岛及其他中美洲国家、墨西哥、智利和巴拿马等国都有华工到达。② 清末张荫桓《三洲日记》称："华人谋生外国垂二百万人，即美、日（日斯巴尼亚简称，即西班牙，此处系指西班牙美洲属地古巴）、秘三国亦逾三十万。"③ 据不完全的资料统计，19 世纪中叶前往拉丁美洲的华人总数在 30 万人以上，有的估计高达 50 万人，其中绝大部分集中在古巴、秘鲁和英属圭亚那（1.6 万人）三地区。华工较多的其他国家和地区有：巴拿马（2 万人）、墨西哥（4500人）、牙买加（1400 人）、英属特立尼达（1400 人）和巴西（2000

---

① 《晚清海外笔记选》，海洋出版社，1983 年版第 246 页。欲深入了解关于秘鲁华工的研究，可参阅 Michael J. Gonzales, "Chinese Plantation Workers and Social Conflicts in Peru," in *Journal of Latin American Studies*, Vol.21, No.3, 1989, pp.385 ～ 424.
② 关于墨西哥华工，华裔美国学者胡其瑜（Evelyn HuDeHart）教授多年来进行了深入的研究，著述丰厚，极具参考价值。
③ 张荫桓：《三洲日记》卷三。

人）等。①

19 世纪中后期，巴西社会各界就引进华工问题发生过一场大的争论，争论的结果，反对引进华工的意见占了上风。因此，虽然奴隶制废除后巴西劳动力短缺问题十分突出，但相对于其他拉美国家而言，华工在其引进的劳动力中所占比例较小。②

华工对拉丁美洲开发的贡献

从 1847 年开始进入拉美的 30 万华工，是一支数量庞大，以吃苦耐劳、勤奋智慧闻名于世的劳动大军。他们为美洲发展和繁荣做出了哪些贡献？应该怎样恰当评价他们的历史作用呢？马克思说过："没有奴隶制就没有棉花；没有棉花，现代的工业就不可设想……消灭奴隶制就等于从世界地图上抹掉美洲。"③ 契约华工制度是替代黑人奴隶制而出现于美洲的，对它的认识同样不应忘记马克思的这个基本观点。罪恶的黑人奴隶贸易结束后，拉美热带种植园和矿场发生严重的劳动力危机，必然要向世界别的地方去寻找新的廉价劳动力，这就是 19 世纪中叶以后西方殖民者向中国掠卖"契约华工"的原因。从世界资本主义发展要求来说，奴

---

① 参见宓亨利：《华侨志》，上海，1925 年版第 210 页。李春辉、杨生茂主编：《美洲华侨华人史》，东方出版社，1999 年版第 47 页。罗荣渠：《美洲史论》，中国社会科学出版社，1997 年版第 367～397 页。

② 可参阅 Robert Corrad, "The Planter Class and the Debare over Chinese Immigration to Brazil, 1850—1893," in *International Migration Review*, Vol.9, No.1, 1975, pp.41～55.

③ 马克思：《哲学的贫困》，见《马克思恩格斯选集》，人民出版社，第 110 页。

隶制已经过时，但根据拉丁美洲的社会经济状况，向资本主义新生产方式过渡的政治和经济条件并不成熟，隐蔽的契约奴隶制在一个时期内仍具有巨大的经济价值。对于美洲契约华工的重大作用和历史意义，只有从世界资本主义发展这个大视野下，才能够获得充分的认识。

19 世纪下半叶，大多数拉美国家社会由混乱走向稳定，经济由停滞走向发展，外部国际需求加大，内部现代化开始起步。正当拉美处于这样一个新的发展时期，几十万契约华工源源不断来到拉丁美洲，他们用自己的辛勤劳动和智慧为所在国家和地区创造了难以估量的财富，对拉丁美洲的经济发展、社会进步以及中拉人民之间的友好联系做出了不可磨灭的重大贡献。

1. 开矿筑路，促进了拉美的经济繁荣

在秘鲁沿海以及附近无人居住岛屿上，鸟粪积聚成山，成为一种特殊矿藏。随着美洲对外经济联系的加强，到 19 世纪中叶化肥问世前，它作为极具经济价值的优质肥料资源，畅销于国际市场，成为秘鲁财政收入的主要来源。19 世纪中叶，秘鲁由于采挖出口鸟粪而财源滚滚，被称为"鸟粪年代"。据统计，从 1840 年至 1880 年，秘鲁总共开采了 1200 万吨鸟粪，价值 7.5 亿比索。[①] 在 19 世纪 60 和 70 年代，秘鲁鸟粪开采每年为政府提供 1000 多万至 5000 万比索的收入，占国家财政收入的 80% 左右。而这一时期从事鸟粪开采的

① H. Bonilla，*Guano y Burguesia en el Peru*，Lima，1974，p.146.

主要是华工。[①] 仅 60 年代 10 年间，就输入了几千名华工到鸟粪场工作。[②] 有的在秘鲁中部和南部沿海一带，有的在海岛上。钦查群岛是鸟粪的重要产地，在那里从事挖掘和装运工作的几乎全部是华工。开挖鸟粪环境恶劣，劳动条件极为艰苦。正如郭嵩焘日记所言："濒

在秘鲁中部海岸的钦查群岛开采的海鸟粪矿。拍摄于 1860 年

---

① 斯图尔特：《秘鲁华工史（1849—1874）》，张铠、沈桓译，海洋出版社，1985 年版第 96 页。
② 同上，第 82 页。

海无雨，鸟粪屯积数百年，取之不尽。中国人充工呲鲁（秘鲁），以搬运鸟粪为最苦。以岁久干结锄锹所及，飞尘四扬，其气恶臭，又地气亢热，所以为苦。"① 此外，秘鲁的硝石矿，墨西哥的银矿、铜矿和煤矿都有华工在那里劳动。

随着经济发展和出口需要，各国掀起了修筑铁路的热潮。在这支修路大军中，也有很多华工。如墨西哥、巴拿马和秘鲁为此都引进了大批华工。在秘鲁，来自鸟粪的巨大收入被投资于兴建铁路。19 世纪 70 年代，美国人恩里克·梅格斯在秘鲁承包兴建从利马到拉奥罗亚的中央铁路工程，为此他获得特许权引进 6000 名华工来从事这项工程建设。这条铁路以海港卡亚俄为起点，穿越高峻的安第斯山，直通位于中部中心的拉奥罗亚。这里正是秘鲁矿产品种繁多、藏量丰富的心脏地带。因而，这条线路的开辟大大地促进了秘鲁白银及其他矿藏和物资的开发和利用，使秘鲁在"鸟粪年代"消退后又迎来了新的"白银年代"。铁路要穿山越岭，克服各种障碍，在工程技术方面被认为"举世无双"。而华工在修筑这条铁路劳工总数中占到了一半。那个美国承包商梅格斯自然感到满意，称赞这些华工"是我们所能找到的最优秀的工人"。②此外，墨西哥的中央铁路、秘鲁从拉奥罗亚到著名水银产地万卡维利亚的铁路以及沿海公路和卡亚俄港口扩建工程，都有华工的参与。

---

① 《郭嵩焘日记》，见陈翰笙《华工出国史料汇编》第 4 辑，中华书局，1981 年版第 634 页。
② 陈翰笙主编：《华工出国史料汇编》第 6 辑，中华书局，1984 年版第 249 页。

秘鲁塞罗—德帕斯科山。中央铁路建成后，这里成为重要采矿业中心

2. 替代黑人奴隶，热带种植园重现生机

19 世纪中叶，国际市场上对蔗糖和棉花的需求旺盛，为拉美农业的发展提供了大好的机会。但奴隶贸易终止后，热带种植园陷于半瘫痪状态。所以为数 30 万的华工，主要被投入到热带种植园。在古巴，先后有 8 万多名华工补充到甘蔗种植园和制糖厂，作为古巴经济支柱的蔗糖业才得以维持高速增长。从 1850 年到 1868 年，古巴糖产量增长了 3 倍。一些最先使用华工的种植园都称赞华工"聪明、安分、老实、谦卑""具有与我们的文化不同的先进文化"。[①]因此，制糖中的一些技术性较强的工作，如轧糖、提纯，主要由华工承担。相关统计表明，华工的输入，对于古巴蔗糖产量的增长具有重要影响。1858 年和 1866 年、1867 年输入苦力最多，随之而来的 1859 年和 1868—1870 年古巴糖产量的增长也最快。[②]正如陈兰彬所说："该国人款以糖税为大宗，而糖寮出息，又以华佣多寡为盈绌关键，故该国上下无不注重招工。"[③]

在秘鲁，所输入的近 10 万劳工中，十之八九都投入到种植园。种植园集中的沿海地区，原来的黑人奴隶几乎全部由华工所代替，从而对秘鲁的农业危机"起到一种挽救作用"。[④]一些棉花种植园和甘蔗种植园，经常拥有成百上千的华工。在帕斯维尔

---

① D. C. Corbitt，*A Study of the Chinese in Cuba*，1847—1947，pp.9 ～ 11，1971.
② 李春辉、杨生茂主编：《美洲华侨华人史》，东方出版社，1990 年版第 581 页。
③ 《清季外交史料》第 21 卷，第 1 页。
④ 陈翰笙主编：《华工出国史料汇编》第 6 辑，中华书局，1984 年版第 253 页。

卡和阿乌卡利亚地区，华人甚至占到居民总数的60％以上。[①] 当时一位法国旅行家夏尔维奈尔（Charles Winer）曾沿着秘鲁沿海和山区漫游，他说一些靠近太平洋的谷地，他们看到的都是中国人，怀疑自己是不是来到了"亚洲的田野"。[②] 秘鲁的棉花产量从1865年的8937英担增加到1873年的9.9492万英担，8年间增长了10倍；蔗糖产量由1870年的251吨增至1880年的8万吨，10年间猛增了318倍。[③] 这些成就都是和华工所付出的辛勤劳作分不开的。据统计，在19世纪70年代，秘鲁蔗糖出口总量的68％、秘鲁棉花出口总量的94％都产自北部、中部沿海华工集中的地区。[④] 在生产技能方面，华工也表现出色。当时，秘鲁的糖厂已广泛使用"真空平锅"技术，而"煮糖、管机重要之工亦华人也。大约华人心智较灵，每习一艺，容易见长，但使工价稍优，决不避就；嗜好较西人为多而不饮酒，故西商每喜招置之"。[⑤] 在英属圭亚那和特立尼达等地的种植园里，也广泛使用了华工。

3. 开凿运河，葬身异国土地

巴拿马运河与巴拿马铁路皆为横贯地峡、连接太平洋和大西

---

① 陈翰笙主编：《华工出国史料汇编》第6辑，中华书局，1984年版第251页。
② 《秘鲁华工编年资料》，张凯译，见陈翰笙《华工出国史料汇编》第6辑，中华书局，1984年版第250页。
③ H. Bonilla. *Guano y Burguesia en el Peru*，Lima，1974，pp.153～154.
④ 陈翰笙：《华工出国史料汇编》第6辑，中华书局，1984年版第246页。
⑤ 张荫桓：《三洲日记》，见《晚清海外笔记选》，海洋出版社，1983年版第240页。

洋的国际交通工程，华工为此做出了巨大的贡献，甚至献出了自己的生命。巴拿马铁路从科隆至巴拿马城，全长75.6公里，于1850年动工，历时6年建成。从1851年开始，先后从香港、澳门、广州黄埔共招收华工2万余人，参加巴拿马铁路西段的施工。[①] 这里气候炎热，劳动条件艰苦，华工伤亡惨重，有人形容死亡者比铁路上的枕木还多。"帕那马（巴拿马）之地……闻昔修铁路时，因其水土恶劣，天气炎熵，西班牙国（应为美国人——引者）用所贩'猪仔'粤人两万余执其役，乃听其穴居野处、餐生饮冷，逼以苦工而疾困死者殆尽，狠哉！"[②]

1886年，修建巴拿马运河工作中的挖掘机

① 关于华工与巴拿马铁路的修建，可参阅 Lucy M. Cohen, "The Chinese of the Panama Railroad：Preliminary Notes on the Migrants of 1854, Who 'Failed'，" in *Ethnohistory*, Vol.18, No.4, 1971, pp.309～320.
② 《晚清海外笔记选》，海洋出版社，1983年版第216页。

巴拿马运河于 1881 年动工开凿，又有大批华工被招参加这一浩大工程。仅从广东招收华工先后三批共四五千人，死亡甚众。张荫桓在光绪十四年（1888）9 月 11 日的日记中写道，巴拿马招工开河在广东"拐贩至六千人，已往者五百六十一人，瘴殁逾半"。[①]据统计，为修筑巴拿马铁路和运河两大工程，共有两万名华工牺牲了自己的生命。后来，为了表彰这些华工所做的贡献，在当年运河工程最艰难的地段——库莱布拉山，修建了一座纪念亭子，称作"华工亭"。

4. 并肩战斗，中拉人民友谊弥深

在反对殖民奴役的斗争中，华工与拉美人民同呼吸、共命运，用鲜血凝结成深厚的友谊。最突出的事例是华工参加古巴反西班牙殖民统治的独立解放战争。古巴是拉丁美洲华工人数最多的地方，19 世纪中叶华工被贩运到古巴的时候，古巴仍处在西班牙殖民者和种植园奴隶主的统治之下。在古巴，正如在其他拉美国家一样，不堪虐待的华工曾多次单独爆发反抗斗争，但是，当 19 世纪后期古巴爆发反西班牙殖民统治时，华工争取自身解放的斗争就与反西班牙殖民统治的斗争相结合，融入古巴土生白人、黑人奴隶和混血种人的独立解放斗争的洪流之中。

1868 年，古巴反殖民统治的第一次独立战争（1868—1878，亦称"十年战争"）爆发，有 1000 多名华工投入起义者行列。他们无私无畏，英勇善战，有些华工曾是参加过太平天国革命、后来流亡到古巴做苦力的老战士。华工战士英勇战斗的业绩，在古

---

① 《晚清海外笔记选》，海洋出版社，1983 年版第 235 页。

巴人民中传为美谈。这次战争的著名领导人之一的贡萨洛将军写了一本小册子《中国人与古巴独立》，书中曾这样描述华人踊跃参加起义的情形："1868 年 10 月 10 日，雅拉（Yara，地名）起义，登高一呼，万山响应，白奴（指古巴人）高举博爱之旗帜，无论何种奴隶，均可求自由于该旗帜之下。华人身虽受苦，而机灵犹存……莫不欣然附从，誓为民主国之旗效力。由是军威骤振，可见历年迭遭强暴之虐待，久为奴隶之华工，终不能磨灭其英雄之气概也。"[①] 这次战争的重大成果之一，就是在古巴废除了奴隶制。根据《桑洪协定》，规定"给予目前在起义军队伍中的奴隶和亚洲移民以自由"。但古巴未摆脱西班牙的殖民统治。

1873 年的一份西班牙杂志所描绘的古巴独立运动

---

① 陈翰笙：《华人出国史料》第 6 辑，中华书局，1984 年版第 120～121 页。

1895 年，爆发了新的争取独立的革命战争，亦称第二次独立战争。革命烈火很快席卷古巴全岛。在这次战争中，参加的华工人数更多、规模更大。各起义部队的军团中，都涌现了一大批勇敢的华工战士，单独组成中国人小分队，不少中国人擢升为革命军官。经过三年浴血奋战，古巴终于摆脱了西班牙殖民统治而取得独立。很多华工为古巴独立流尽了自己最后一滴血。为了纪念独立战争中壮烈牺牲的中国战士，在首都哈瓦那的广场上特地建立了一座两丈多高的圆柱形纪念碑，碑的底座上嵌有一块铜牌，上面铭刻着贡萨洛将军对华人烈士的赞词："在古巴的独立战争中，没有一个中国人做叛徒，也没有一个中国人当逃兵。"值得

哈瓦那古巴华人纪念碑

哈瓦那古巴华人纪念碑上的西班牙文和中文铜牌

一提的是，契约华工的开端和终结都与古巴密切相关联，"如果说第一批契约华工运往古巴，标志着 19 世纪中国与拉丁美洲关系发展的'苦力贸易'阶段的开始，那么，大批古巴华工的反抗斗争和加入古巴起义军，就意味着这一阶段的开始结束"。[①]

"苦力贸易"的终止及拉美华工、华侨的新贡献

盛行达 30 年之久的"苦力贸易"，终于在 1874 年前后被废止。我国东南沿海一带人民对"卖猪仔"的罪恶活动，早就充满公愤，在厦门、上海、宁波和广州等地相继爆发自发性的斗争。在群众斗争的强大压力下，清政府当局多次颁布严禁贩卖人口、违者处以极刑的告示。1869 年，又明令不许中国人前往澳门，无约国也不许在澳门设局招工。1874 年，清政府第一次派遣陈兰彬、容闳前往古巴和秘鲁调查华工在当地的情况。两人回国后公布华工备受虐待的调查材料，引起了社会更加激烈的反响。正是在这种形势下，一向对西方列强唯命是从的清政府总理衙门，才有勇气宣布关于"苦力贸易"的禁令，英国和葡萄牙政府也才有可能在 1874 年先后宣布停止澳门的"苦力贸易"。

1875 年，中国和秘鲁两国立约建交，这是拉丁美洲地区第一个和我国清朝政府正式建立外交关系的国家。从 19 世纪 70 年代到 20 世纪头 10 年间（清季同治、光绪和宣统年间），中国又和

① 《19 世纪拉丁美洲的中国"苦力移民"》，罗荣渠：《美洲史论》，中国社会科学出版社，1997 年版第 394 页。

巴西（1880）、墨西哥（1889）、巴拿马（1884）等先后建立了外交关系。正式外交关系的建立为中拉之间友好关系的发展奠定了基础。到 19 世纪末 20 世纪初，在拉丁美洲所幸存下来的大约 10 万契约华工，基本上都获得了解放，成了自由华工或自由华人。这些华侨的分布范围也不像当年契约华工主要集中于古巴、秘鲁和圭亚那，而几乎扩大到拉丁美洲所有国家和地区了。

在哥伦布之后中国人最早于何时到达美洲？这个问题虽然没有像"在哥伦布之前中国人是否到过美洲"那么遥远和迷茫，但恐怕也不易考察清楚。大体上来看，最先抵达墨西哥的中国人，最可能是马尼拉的华人。16 世纪初，在马尼拉约已有上万华侨，[①] 他们最有机会乘坐马尼拉大帆船到达美洲。据西班牙编年史家门多萨的记载，早在 1585 年（明万历十三年），曾有三名中国商人到过墨西哥。[②] 也有记载说，在马尼拉大帆船的终点阿卡普尔科，当时有数百户亚洲人和黑人杂居于港口，其中也有中国人。[③] 他们可能是曾为西班牙商人充当仆役的华人，或者是被当作奴隶贩卖到那里的。16 世纪末，西班牙王室曾下令允许华人工匠进入美洲殖民地，于是成批的织工、裁缝、金银首饰匠及理发师从马尼拉转往拉丁美洲做工。根据比较确切的记载，17 世纪已有不少华人

---

① 此时在马尼拉的华侨人数，估计为 1 万～ 3 万人，各家说法不一。参见陈荆和《16 世纪之菲律宾华侨》，香港，1963 年版第 140 页；罗荣渠《美洲史论》，中国社会科学出版社，1997 年版第 350 页。

② Juan Gonzalez de Mendoza, *The History of the Great and Mingty Kingdom of China and the Situation thereof*, Hakluyt Society，1853，p.95.

③ E. H. Blair and J. A. Robertson, eds., *The Philipine Islands*，1493-1898，1903-09 v.30，p. 54，pp.94 ～ 96.

在墨西哥城居住，有的从事理发行业。1635 年，墨西哥市议会审议了关于华人理发馆应限制 12 家的提议，并规定这些理发馆不得设在市中心地区。① 而且，据称早在 16 世纪墨西哥城已有了唐人街。② 当时这个街区有多少华人居住现不得而知，但可以肯定地说，这是中国人所创建的美洲第一条唐人街。

获得自由身份的 10 万契约华工，加上建交前后到达的自由华人，在 19 世纪末 20 世纪初，拉美地区早期华侨总数达到了 15 万人。③ 这些以契约华工为主体的早期华侨不但为拉丁美洲经济开发做出了贡献，为拉美独立解放事业付出了重大牺牲，而且，对拉丁美洲文明的发展产生了积极有益的影响。

首先，农业生产技术的传播。

赴拉美的华工基本上是农民，精通农业和园艺，随着他们的到来，也就把中国农业生产技术带到了拉丁美洲。17 世纪末水稻种植已传入古巴，由于后来大批到达的契约华工的努力，不断改进生产技术，使古巴水稻种植业有了很大发展。1862 年，古巴可耕地面积已超过 100 万公顷，比 1827 年扩大了一倍。张荫桓在《三洲日记》中记述了 19 世纪 80 年代秘鲁水稻种植情况，他说秘鲁"近以蔗园生意日减，遂亦种稻，赖华工为之，岁仅一获，米却不恶"。④ 华工还引种中国的菜蔬瓜果，改进当地的园艺技术。19 世纪初巴

---

① Homer H. Dubs and Robert S. Smith, "Chinese in Mexico City in1635", *The Far Eastern Quanterly*, 1：4（1942）pp. 387 ～ 389.

② C. H. Haring, *The Spanish Empire in America*，1947, p.197.

③ 李春辉、杨生茂主编：《美洲华侨华人史》，东方出版社，1990 年版第 568 页。

④ 《晚清海外笔记选》，海洋出版社，1983 年版第 240 页。

西葡萄牙王室曾从中国引种茶树，未得成功，由于华工的到来，茶叶生产又发展起来。光绪初年袁祖志出访拉美，留下记载说，巴西"产茶亦多，惟土人不解焙制之法，故颇愿华人之至止也"。[①]华工还在古巴成功地引种了芝麻等中国作物。首都哈瓦那以及其他不少城镇居民吃的蔬菜，其生产和供应也一度都依靠华人。

其次，社会生活和习俗方面的影响。

中国的烹调技艺在拉丁美洲享有盛名，拉美人都喜爱中国饭食。在秘鲁利马，当地居民称中国饭馆为"契发"（Chifas），即广东话"食饭"的谐音。[②]许多中国蔬菜如像萝卜、豆芽、绿豆、生姜、白菜、芋头等以及许多食品如豆腐、云吞（馄饨）、虾饺、叉烧包、蛋卷、萝卜糕、煎堆、绿豆沙、桑寄生蛋茶、鱼生粥、凉粉、凉糕、马拉糕和五加皮酒等，都被华侨引进拉丁美洲人特别是秘鲁人的日常食谱。[③]

获得自由的华工从种植园和矿场纷纷流向城镇，从事商业和手工业经营。当年以苦力入境的华人在拉美首次发生角色转换，一些人由"华工"变成了"华商"，并形成了新兴的华商阶层。由于华商经济的发展，许多拉美城市都出现了唐人街。古巴哈瓦那的桑哈大街首先出现华人的店铺，其后在拉伊奥斯、库契略、德拉贡内斯、卡姆帕纳里奥、萨鲁特和曼里盖等几条大街，从19

---

① 《晚清海外笔记选》，海洋出版社，1983年版第231页。
② 瓦特·斯图尔特：《秘鲁华工史（1849—1874）》，张铠、沈桓译，海洋出版社，1985年版第193页。
③ 张凯：《19世纪华工与华人对拉丁美洲的历史贡献》，载《近代史研究》1984年第6期第176页。

世纪 60 年代开始，华商渐集，哈瓦那的唐人街就是在此基础上发展起来的。墨西哥下加利福尼亚州的墨西卡利市（Mexicali）1919年当地居民仅 700 人，而华人达 9000 人，因而有"小广州"之称。①华人仍以小商小贩居多，有的也取得了事业上的成功，成为侨居地颇有资产的名人，"那些可怜的被剥夺了 8 年权利的人们，已成为拥有自己资财的人、拥有自己公司的人。在公共财富中，他们也许代表着百万资本"。②到 19 世纪末 20 世纪初，华商的经营活动已遍及拉美的 100 多个城市。在华人聚居区域，他们往往自办华人子弟学校，创办华文报纸，既宣传中国传统艺术文化，又介绍居住国的文化习俗。在古巴，当地人"与华民平素相习"，"土客甚为相宜"。③在墨西哥，华工被亲切地称为"拔山拿"（Paisano），义即"乡亲"。④一些华人还娶拉美女子为妻，学习当地语言文字，渐渐"同化于这个国家的风俗和习惯"。于是，有的学者评论说，"'东方就是东方，西方就是西方'，但东方和西方已经在秘鲁相融了"。⑤

再次，中华医术的传播。

华工中有的懂医术，或原本行医，对于传播中华医术起到了积极作用。傅云龙《游历秘鲁图径》记载"华医之术，颇行于彼"，

---

① 张凯：《19 世纪华工与华人对拉丁美洲的历史贡献》，载《近代史研究》1984 年第 6 期第 182 页。
② 瓦特·斯图尔特：《秘鲁华工史（1849—1874）》，张铠、沈桓译，海洋出版社，1985 年版第 194 页。
③ 《晚清海外笔记选》，海洋出版社，1983 年版第 257 页。
④ 谢希傅：《墨西哥述略》，光绪年间刊本。
⑤ 瓦特·斯图尔特：《秘鲁华工史（1849—1874）》，张铠、沈桓译，海洋出版社，1985 年版第 195 页。

秘鲁中国药师

即为真实写照。广东台山县陈黄阳，1858 年赴古巴，在哈瓦那行医，用中医药为华侨及当地人治病，成为远近闻名的中国医生。新会县李锦泉，原行医澳门，1873 年被拐卖到古巴，也在哈瓦那行医，并把自己的医药知识传授给古巴人民。[①]古巴人 H.D. 孔斯塔还根据一位中医的口述，详记其医疗方法，编辑成书，书名为《中国医生：天朝医学概论》，颇有影响。[②]1868 年参加古巴第一次独立解放战争起义军的华工王森，也是一位有名的中医大夫。这位身兼医生的战士，由于功勋卓著，受到古巴共和国领导人和古巴人民的高度赞扬。

以上就是从 16 世纪中叶到 19 世纪末 20 世纪初为时三个半世纪的中国与拉丁美洲的历史联系。世界历史上的这三个多世纪，是人类迈向全球化、世界发生大变动的重要时期。随着世界市场

---

① www. jmnews. com. cn：梅韦强、张国雄主编：《五邑华侨华人史》。
② 李春辉、杨生茂：《美洲华侨华人史》，东方出版社，1990 年版第 597 页。

的形成和世界贸易的兴起，出现了人类历史上空前的经济大增长、文化大交流、人口大迁移的现象。中国与拉丁美洲的接触和联系，正是发生在这个历史时期，成为这一世界性的经济文化大交流的重要参与者。尽管双方都为来势凶猛的资本主义和殖民主义的浪潮所卷入，很大程度上扮演着被动的角色，但仍然不可低估它们在这场大交流中的特殊地位以及给自身所带来的重大影响。通过这一大交流，中国丝绸、瓷器大批量地远涉重洋到达美洲市场，大量白银源源流入中国，直接刺激了中国的传统手工业如蚕丝、纺织、茶以及其他工艺品的发展，增进了东南沿海地区的商业繁荣；而新世界的玉米、红薯、花生等农作物，在中华大地上落地生根、开花结果，使中国从美洲文明中吸取重要的物质养料，并大大扩展了认识世界的视野。

16 世纪以来的头三个世纪，美洲广大地区和非洲与亚洲部分沿海地区沦为欧洲殖民地。与之相联系，出现了大西洋上的三角贸易、印度洋上的多边接力贸易和太平洋上的双边贸易的三次国际贸易大潮。在殖民主义步步进逼的形势下，只有尚处于世界领先地位的中国在一个相当长的时期内仍可与之抗衡。由于中国拥有丰富的资源和先进的生产技术，中国商品在印度洋、太平洋两次国际贸易大潮中，显示着强大的竞争力，而在太平洋国际贸易大潮中则居于绝对优势的地位。其时，主要产自美洲的白银，通过太平洋马尼拉大帆船等多种渠道，神话般地流入中国，就是一个明显的例证。以至弗兰克认为，根据世界白银的流向，可以得出结论说："直到 19 世纪以前'中央之国'实际上是世界经济的

19 世纪的秘鲁中国华人

某种中心。"[①] 然而，晚明封建王朝并没有而且也不可能把握这一时机进行自身的大变革，以迎接外部世界日益严峻的挑战。有利时机一旦被错过，19 世纪世界形势又发生了进一步的巨大变化：新兴的英、法、美资本主义取代了衰朽的葡、西殖民帝国；亚洲与非洲广大地区被殖民地化；中国被纳入西方列强不平等条约体系的樊笼；中国虽然继续参与了经济、文化尤其是人口的大交流，但人口迁移是在殖民主义的特殊模式下进行的，太平洋上的"丝绸之路"变成了"苦力贸易之路"，"契约华工"成为继非洲黑人奴隶之后又一个国际资本主义的牺牲品。正如著名学者罗荣渠所说，"所有这一切，根本改变了国际关系和中国对外关系的格局，只是经过一个世纪的屈辱与斗争，这一历史格局才开始发生根本变化"。[②]

---

① 贡德·弗兰克著：《白银资本》，刘北成译，中央编译出版社，2000 年版第 19 页。
② 罗荣渠：《中国与拉丁美洲的历史文化联系》，见周一良主编《中外文化交流史》，河南人民出版社，1987 年版第 859 页。

主要参考文献：

1. 罗荣渠：《中国人发现美洲之谜——中国与美洲历史联系论集》，重庆出版社，1988 年。

2. 沙丁、杨典求等：《中国与拉丁美洲关系简史》，河南人民出版社，1986 年。

3. 李春辉、杨生茂主编：《美洲华侨华人史》，东方出版社，1990 年。

4. 黄邦和、萨那、林被甸主编：《通向现代世界的 500 年——哥伦布以来东西两半球汇合的世界影响》，北京大学出版社，1994 年。

5. 张祖棣：《玛雅与古代中国——考古学文化比较研究》，中国社会科学出版社，1993 年。

6. ［美］阿图洛·瓦尔曼著、谷晓静译：《玉米与资本主义——一个实现了全球霸权的植物杂种的故事》，华东师范大学出版社，2005 年。

7. 斯图尔特：《秘鲁华工史（1849—1874）》，海洋出版社，1985 年。

8. 陈翰笙主编：《华工出国史料汇编》，第四、六辑，中华书局，1984 年。

9. D. C. Corbitt, *A Study of the Chinese in Cuba, 1847 ～ 1947, 1971.*

10. William Lytle Schurz, *The Manila Galleon*, New York, 1959.